Marcus Heuser

Heil werden am Vaterherzen Gottes

oder
Es ist nie zu spät
für eine glückliche Kindheit!

Marcus Heuser

Heil werden am Vaterherzen Gottes

oder
Es ist nie zu spät
für eine glückliche Kindheit!

Verlag Gottfried Bernard
Solingen

2. Auflage, Dezember 2018
© 2017 Verlag Gottfried Bernard

Verlag Gottfried Bernard
Heidstraße 2a
42719 Solingen
E-Mail: info@gbernard.de
Internet: gbernard.de

ISBN 978-3-941714-49-6

Best. Nr. 175549

Bibelstellen wurden, wenn nicht anders vermerkt, der Revidierten Elberfelder Übersetzung entnommen: R. Brockhaus im SCM Verlag, Witten 1985-91-2008).

Grafikdesign: Daniel Bernard, Magdala/Th.
Satz: Stefanie Riewe - Mediengestaltung, Magdala/Th.

Illustrationen: Lise Krüger

Lise Krüger, geb. 1981, ist Niederländerin und verheiratet mit Stephan. Sie haben einen Sohn Rafael Doron. Sie hat einen Bachelor in Theologie und Kunst vom Sydney College of the Divinity (AUS), ein Post Graduate Certificate in Political Theology for Peace (Lanchester University, UK) und einen Master in Theologie (Christian Leadership University, USA). Lise arbeitet als freischaffende Künstlerin, Kreativ-Coach und Sprecherin.
Kontakt über www.lisekruegerbarth.com

Druck: CPI – Clausen & Bosse, Leck

Printed in Germany

Inhalt

Widmung 6

Danksagung 7

Vorwort Andreas Herrmann 8

Vorwort Matthias Hoffmann 9

Einführung 10

Kapitel 1: Der Schrei im Herzen Gottes 12
   Die Schönheit der Prinzen und Prinzessinnen
   Gottes in den Augen des Vaters 15
   Warum wir Gott durch eine Brille anschauen ... 26

Kapitel 2: Sprünge in der Brille 29
   Der harte, bedrohliche Vater 34
   Der unbeständige Vater 37
   Der schwache Vater 40
   Der fordernde Vater 44
   Der abwesende Vater 51
   Mischvater 56

Kapitel 3: Identität im Vater 59
   Die richtige Adresse für deine Identität 65
   Teilhaber der Identität Jesu im Vater 70
   Die Identität als Sohn oder Tochter
   macht innerlich fest 75
   Aus Identität heraus dienen 82
   Dem inneren Waisenkind begegnen 84

Kapitel 4: Die erziehende Liebe des himmlischen Vaters 90
   Frage 1: Will Abba-Gott nichts mit mir zu
   tun haben, weil ich etwas falsch gemacht habe? 91
   Frage 2: Bestraft der Vater im Himmel mich,
   weil ich etwas falsch gemacht habe? 94
   Frage 3: Wozu soll die Erziehung eigentlich gut sein? 97
   Frage 4: Wie kann ich die Zeit der
   Erziehung durchstehen? 101

Kapitel 5: Papas Party - Herzliche Einladung zur Freude 122
   Der Vater lädt zur Freude ein 122
   Nah dran – und doch weit weg 130
   Freude unter erschwerten Umständen 136
   Freude ist kinderleicht 141

Kapitel 6: Der beste Ort der Welt 147
   Persönliches Nachwort 150
   Zum Autor 150

Bibliografie 151

Widmung

Dieses Buch widme ich meinem Vater Heinz, von dem ich heute weiß, dass er mich immer geliebt hat. In seiner großen Dienstbereitschaft, Treue und Freiheit in der Nachfolge Jesu ist er mir ein großes Vorbild und ich bin ihm und auch meinem Vater im Himmel dankbar, dass ich jetzt seit vielen Jahren eine zutiefst herzliche Beziehung zu ihm haben darf.

Danksagung

An meine geliebte Ehefrau Dagmar und an Hanna Weinmann, eine langjährige geistliche Weggefährtin, die mit viel Eifer und Hingabe das Manuskript dieses Buches bearbeitet und viele wertvolle Hinweise gegeben haben.

Vorwort Andreas Herrmann

Ich schaue mit Dankbarkeit auf eine jahrelange Zusammenarbeit mit Marcus Heuser zurück, die nicht nur mich gesegnet hat, sondern auch die unendlich vielen Menschen, denen er seelsorgerlich kompetent mit großem Herzen gedient hat. Aus diesem Grund möchte ich dieses Buch wärmstens empfehlen, denn vieles könnte im Leben anders aussehen, wenn wir heil werden, und zwar am Vaterherz Gottes. Marcus Heuser wird in diesem Buch zu unserem persönlichen Tourguide, der uns durch den Dschungel unserer persönlichen, biografischen Vatererfahrung führt. Das Buch wirkt heilend auf die, die keinen Vater hatten oder liebend gerne auf ihn verzichtet hätten. Darüber hinaus baut es definitiv jeden von uns schon beim Lesen in seiner persönlichen Identität als Tochter oder Sohn Gottes auf. Viele Beispiele aus dem Leben des Autors und seiner exzellenten Praxis als Seelsorger helfen, das Gelesene unmittelbar verstoffwechselnd umzusetzen. Das Buch ist absolut gut und richtig, biblisch fundiert und trotz seines seelsorgerlichen Tiefgangs locker-leicht geschrieben.

Andreas Herrmann
Move-Church, Christliches Zentrum Wiesbaden e.V.

Vorwort Matthias Hoffmann

Dies Buch ist phantastisch!

Ich habe es mit großem Gewinn gelesen und freue mich darauf, es möglichst bald noch einmal in Ruhe zu „inhalieren". Es ist wie ausgegossenes Salböl auf die Wunden meines Herzens!

Marcus Heuser ist es gelungen, die große Vaterliebe Gottes persönlich-authentisch, biblisch-inspirativ und seelsorgerlich-kompetent seinem Leser äußerst angenehm nahe zu bringen.

Ich habe mich ständig selber irgendwo wiederentdecken können, wurde wachgerüttelt, überrascht, getröstet und habe viele hilfreiche Anregungen zum „weiter-leben" gefunden.

Als jemand, der auch Bücher über das Vaterherz Gottes schreibt und selber schon Dutzende literarische Werke zu diesem wichtigen Thema gelesen hat, kann ich nur bestätigen, dass Marcus Heuser mit seinem Erstlings-Werk etwas ganz Kostbares gelungen ist.

Ich glaube, dieses kleine Buch besitzt die Kraft des Himmels - mit der darin enthaltenden tiefen Wahrheit - das Leben von sehr vielen Menschen nachhaltig zu heilen und zu verändern!

Matthias Hoffmann
VATERHERZ BEWEGT - Hannover

Einführung

Liebe Leserin und lieber Leser,
ich freue mich und es ehrt mich, dass du dich mit mir auf den Weg machst, den himmlischen Vater besser kennen zu lernen. Es ist ein Weg, der manchmal herausfordernd ist. Das wirst du an etlichen Beispielen aus meinem Leben erkennen. Dem Vater immer näher zu kommen hat viel Heilung in mein Herz gebracht und genau das erwarte ich auch für dich. Bitte fühle dich durch das direkte „Du" nicht überrumpelt, aber du hast hier nicht das hoch wissenschaftliche Buch eines Vaterherzexperten in der Hand, auch wenn ich von Beruf Seelsorger bin und mich natürlich viel mit dem Vaterherzen Gottes befasst habe. Um ehrlich zu sein: Ich möchte gar kein Vaterherzexperte werden, sondern einfach nur Sohn meines wunderbaren Vaters im Himmel sein – und das jeden Tag ein bisschen mehr. Mein Wunsch ist es, ganz schlicht aus meinem Herz zu deinem Herz sprechen zu dürfen. Vielleicht verstehst du jetzt: Es geht um dein Herz, und das kann ich einfach nicht „Siezen".

An einigen Stellen schreibe ich Dinge über Menschen aus meiner Familie und solche, die ich als Seelsorger begleitet habe. Ich tue das mit ihrem Einverständnis und habe bei den Klienten jeweils die Namen geändert. Als Theologe ist es mir wichtig, die Aussagen über den himmlischen Vater immer wieder durch das Wort Gottes zu belegen. Die Bibelstellen und theologischen Vertiefungen findest du in den Fußnoten, damit sie den Lesefluss nicht stören. Besonders dann, wenn du dieses Buch zusammen mit anderen in einer Kleingruppe liest, lohnt es sich, einzelne Stellen genauer zu studieren. Für dich persönlich wirst du am meisten von der Lektüre profitieren, wenn du dir jeweils 2-3 Minuten Zeit für die kursiv gedruckten Fragen und Gebete nimmst. Sprich die Gebete am besten laut oder zumindest halblaut aus. So können sie deine Ohren und dein Inneres gleichzeitig hören. Jetzt geht es los, mach dich bereit, öffne dein Herz für den himmlischen

Heil werden am Vaterherzen Gottes

Vater genau so weit, wie es dir jetzt in diesem Moment möglich ist. Er wird nie mehr von dir verlangen. Und wenn du möchtest, bete mit mir:

> *„Gott im Himmel, die Bibel nennt Dich ‚Vater'. Du weißt viel besser als ich selbst, was bei diesem Begriff alles in meinem Inneren mitklingt. Bitte schütze mich durch Deine Liebe, wenn ich jetzt anfange, mein Herz für Dich als meinen Vater im Himmel zu öffnen."*

Kapitel 1

Der Schrei im Herzen Gottes

Als Seelsorger befasse ich mich fast täglich mit den Wunden, die Väter in den Herzen ihrer Kinder zurückgelassen haben. Manchmal entstanden diese Verletzungen aus grober Gleichgültigkeit oder sogar purer Bosheit, manchmal trotz allerbestem Bemühen. In Deutschland sprechen wir von Generationen von „Kriegskindern" und „Kriegsenkeln"[1], die von Eltern erzogen wurden, die durch die Schrecken des Krieges emotional eingeschränkt waren. Manche unserer Eltern waren innerlich wie erstarrt, konnten weder ihr noch unser Herz wirklich erreichen. Fängt die Frage nach dem Vaterherzen Gottes mit diesem Mangel an? Die Antwort ist ganz klar: Nein! Die Geschichte zwischen uns und dem liebenden Vater im Himmel fängt nicht mit unserer Bedürftigkeit an – so schmerzhaft die oft auch ist. Sie fängt mit einem viel größeren Schmerz an: Dem Schmerz im Herzen Gottes. Dem Schrei des Vaters, der sich durch die ganze Weltgeschichte nach liebender und hingegebener Gemeinschaft mit seinen Kindern sehnt:

„Und ich hatte doch gedacht, wie will ich Dich unter die Söhne (und Töchter) aufnehmen und Dir ein köstliches Land geben ... und ich meinte, ihr würdet mir zurufen: >>Mein Vater!<< und würdet euch nicht mehr von mir abwenden." [2]

---

[1] Die Journalistin Sabine Bode veröffentlichte in ihren Büchern „Die vergessene Generation: Die Kriegskinder brechen ihr Schweigen" und „Kriegsenkel: Die Erben der vergessenen Generation" viele solcher Lebensgeschichten.

[2] Jeremia 3, 19 (und Töchter) vom Autor sinngemäß ergänzt. Frauen und Männer haben bei Gott gleichen Stand. Jeremia sprach auch die Frauen als „Söhne" an, da damals nur die Söhne erbten.

Der Schrei im Herzen Gottes

Gott-Vater wollte diese Gemeinschaft von Anfang an. Doch wie trotzige Kinder in der Haltung „bin schon groß, kann alleine" übergingen Adam und Eva seine Warnung und aßen vom Baum der Erkenntnis von Gut und Böse. Diese Haltung steckt bis heute in uns, wir haben uns abgewendet. Doch Gott zieht sich nicht schmollend zurück, sondern voller Schmerz über die Trennung streckt er uns als ein wahrer Vater seine Hände entgegen.

Durch eine eigene Erfahrung bekam ich eine kleine Ahnung davon, wie sich diese schmerzhafte Sehnsucht Gottes nach seinen Kindern anfühlen muss. Meine Frau Dagmar und ich wünschten uns über viele Jahre ein Kind, konnten aber trotz vieler Gebete und medizinischer Abklärung keines bekommen. Nach weiterem Beten und Ringen entschieden wir uns, ein Pflegekind aufzunehmen. So kam Jolina[3], ein süßes, sieben Monate altes Mädchen, in unsere Familie. Man kann sich vorstellen, dass diese Zeit mit großen Hoffnungen verbunden war, aber sie war auch sehr herausfordernd. Wir hatten auf einmal ein praktisch fremdes Kind, das uns bis an die Grenzen unserer Kraft und weit darüber hinaus forderte. Aber ich mochte die Kleine und fing an, ihr immer mehr mein Herz zu schenken. Es war toll ihr Papa sein zu dürfen und zu erleben, wie sie sich freute, wenn ich nach der Arbeit nach Hause kam. Doch was so hoffnungsvoll angefangen hatte, ging leider nicht gut weiter. Meine Frau Dagmar wurde in dieser Zeit sehr krank. Gemeinsam beteten und kämpften wir, aber ihre Gesundheit verschlechterte sich sogar noch. Nach intensiven Beratungen mit dem Jugendamt sahen wir schließlich keinen anderen Weg und gaben die Kleine nach vier Monaten in eine andere Pflegefamilie weiter. Als Jolina schließlich ganz in der neuen Familie eingezogen war, brach für mich eine Welt zusammen. Manchmal überwältigte mich ein Schmerz, für den ich zuerst keine Worte finden konnte. Dann saß ich nur einfach da und schluchzte aus der Tiefe meiner Seele über diesen Verlust. Ich zog mich in

---
3 Wie alle Namen im Buch ist auch der Name des Kindes geändert.

Kapitel 1

dieser Zeit für ein Wochenende zum Gebet und Fasten zurück. In der Gegenwart Gottes bekam mein Schmerz Worte und ich konnte neu anfangen zu glauben, dass mein himmlischer Vater immer noch gut ist, und dass er in seiner Liebe für mich, für uns als Ehepaar und auch für Jolina sorgen wird[4]. An diesem Wochenende ging ich durch den tiefsten Schmerz meines Lebens. Aber ich fing auch an tiefer zu erfassen, welchen Schmerz der himmlische Vater um seine verlorenen Töchter und Söhne fühlt. Meine menschliche Fähigkeit zu lieben ist im Vergleich zu Gott gelinde gesagt sehr begrenzt. Vielleicht ist sie so groß wie die Schneeflocke auf der Nase eines Yetis verglichen mit dem Himalaja der göttlichen Liebe. Und wie unreif war das Gefühl von Zuneigung, das sich in gerade einmal drei bis vier Monaten zu einem anfangs fremden Kind entwickelt hatte. Und dennoch denke ich bis heute immer wieder an Jolina und bete für sie. Wie viel größer ist die vollkommene Liebe des Vaters im Himmel, der unseren Geist ins Leben gerufen hat[5]! Wie viel tiefer ist die Liebe des Vaters, der sich vor Grundlegung der Welt danach gesehnt hat, dich als Sohn oder Tochter in seine Arme zu schließen! Genau dafür hat er Jesus in diese Welt gesandt.[6] Ich weiß nicht, welche Sehnsucht nach dem Vater in deinem Herzen ist oder welche Wunde dich bisher davon abhielt, ihm nahe zu kommen. Aber ich weiß: Da ist Gott-Vater mit Tränen der Liebe in den Augen. Bei allem Warten auf dich ist seine Sehnsucht nur noch größer geworden. Seine Arme sind offen. Und er wird so lange warten, bis du dich in sie hineinfallen lässt. Einfach, weil er sich nach dir sehnt und weil er begeistert ist, wie wundervoll du gemacht bist!

---

4 Etwa einmal im Jahr hören wir von Jolina und sie entwickelt sich prächtig.
5 Prediger 12, 7
6 Epheser 1, 4+5 Sohnschaft durch Jesus Christus

Der Schrei im Herzen Gottes

Die Schönheit der Prinzen und Prinzessinnen Gottes in den Augen des Vaters

Vor einigen Jahren war ich bei meiner Patentochter und ihrer Familie zu Besuch. Sie war damals etwa fünf Jahre alt und hatte eine gleichaltrige Freundin dabei. Das Essen war betont lustig, denn die beiden jungen Damen versuchten sich darin zu übertreffen, wer besser Quatsch machen kann. Nach dem Essen verschwanden die zwei Freundinnen still ins Kinderzimmer und die Erwachsenen genossen es, sich jetzt auch einmal unterhalten zu dürfen. Doch nach einiger Zeit kamen die beiden wieder – und zogen unser aller Blicke auf sich. Es waren jetzt nicht mehr die zwei Quatschnudeln, sondern wunderschöne Prinzessinnen. Ihre pastellfarbenen Prinzessinnenkleider schimmerten im Wohnzimmerlicht. Die edlen Häupter waren mit „Edelstein"-besetzten Moosgummikronen geschmückt. Sie standen einfach da. Die etwas Wildere der beiden wedelte majestätisch mit ihrem bunten Tuch, die etwas Stillere stand in einem damenhaften Knicks versunken da. Und sie warteten einfach – warteten darauf, dass wir sie sehen und ihre Schönheit bewundern. Wir haben dann unserer Begeisterung über sie auch sehr ausgiebig Ausdruck verliehen. Man konnte spüren, wie die zwei „Prinzessinnen" unsere Bewunderung mit ihren Seelen geradezu tranken. Etwas später machte eine der beiden einen kleinen Tanz mit ihrem Tuch und bekam dafür noch mehr Lob. Sofort brauchte die andere auch ein Tuch, um uns ebenfalls mit ihrem Tanz zu beeindrucken. Es ist so wichtig, gesehen zu werden – nicht nur für kleine Mädchen.

Kapitel 1: Der Schrei im Herzen Gottes

Von Anfang an sind wir dazu da, gesehen zu werden. Das gilt für die ganze Menschheit schon seit der Schöpfung. Gott sah alles an, was er gemacht hatte, und alles war „gut". Doch dann wanderte sein Blick zum Menschen, dem krönenden Abschluss seines Werkes. Und tief im Herzen des Vaters im Himmel bildete sich sein begeistertes Urteil: „Sehr gut"![7] Gott liebte es, dem Menschen zuzuschauen, als er die Tiere benannte.[8] Er fand es einfach spannend zu sehen, was der Mensch so macht. Die Psychologie weiß heute sehr gut, wie wichtig es ist, gesehen zu werden. So gibt es Therapieansätze für verhaltensauffällige Kinder, in denen der Therapeut einfach nur dem Kind zuschaut und ausdrückt, was er sieht: „Ich sehe, dass du das rote auf das grüne Klötzchen stellst" – ganz ohne Wertung, ob das jetzt gut oder schlecht, hübsch oder chaotisch ist. Doch das Kind merkt, ich werde gesehen – und in seiner Seele beginnt sich etwas zu öffnen. Ich weiß nicht, ob du von deinen Eltern, Großeltern, Paten oder wem auch immer gesehen wurdest, einfach weil du so hübsch und einmalig warst. Ich weiß nicht, ob du ihr Augenstern warst oder ihr Goldjunge, so wie es ein Segen für dich gewesen wäre. Aber eines weiß ich: Da ist dieser Vater im Himmel, der Gott, den du durch Jesus „Abba – Papa"[9] nennen darfst. Er sieht dich!

In der Seelsorge sprach ich mit Klaus. Sein Vater war Christ, hatte in der Firma eine verantwortliche Stellung und verschwand auch noch nach Feierabend oft in seiner Werkstatt. Klaus war das fünfte Kind der Familie. In Beruf und Ehe litt Klaus daran, dass er und seine Wünsche oft nicht gesehen wurden. Wenn er an seinen Vater dachte, kam Schmerz hoch, weil er nie Zeit für ihn hatte. Fast nie betrachtete er die Bauwerke und Bilder seines Kindes. Dabei war diese Kreativität Teil des innersten Wesens von Klaus – auch als Erwachsener hatte er sein Hobby zum Nebenerwerb gemacht und entwickelte elektronische Geräte. Als Klaus im Gebet anfing, seinem Vater zu vergeben, wurde in

---

[7] 1. Mose 1, 31
[8] 1. Mose. 2, 19
[9] Galater 4, 6. Mehr zu „Abba" siehe Fußnote 31

Die Schönheit der Prinzen und Prinzessinnen Gottes in den Augen des Vaters

mir eine Gewissheit groß: Abba-Gott hatte in seinem Hinterkopf von jedem Bild und jedem Bauwerk ein Foto gemacht. Diese Kunstwerke aus der Kindheit waren seinem himmlischen Vater so wichtig – keines war verloren. Als ich Klaus das persönlich zusprach erlebte er darin etwas von der Wertschätzung und Liebe des himmlischen Vaters für ihn.

Der alte König David hatte ein besonders tiefes Verständnis dieser göttlichen Fotografie in seinem Leben. Voller Begeisterung beschreibt er, wie sein Vater im Himmel sich sozusagen ein Ultraschallbild von Baby David in Mamas Bauch anschaut:

> *„Ich preise dich darüber, dass ich auf eine erstaunliche, ausgezeichnete Weise gemacht bin. Wunderbar sind deine Werke, und meine Seele erkennt es sehr wohl. …Meine Urform sahen deine Augen."*[10]

Was für David galt, gilt dir genauso. Gott konnte es gar nicht abwarten, bis du das Licht der Welt erblicktest. Seine Augen der Liebe waren auf dich gerichtet, als du nur eine Urform – wörtlich „Ungeformtes"[11] – warst. Er blickt nicht auf das perfekt Gestaltete, sondern von Anfang sieht er dich an, wie du bist. Er liebt es bis heute, uns anzusehen. Selbst wenn wir sündigen und uns wie damals im Garten Eden hinter den Büschen der Scham oder den Feigenblättern der Ausreden verbergen wollen – seine Augen der Liebe suchen uns, denn es ist das innerste Wesen Gottes, uns zu sehen.[12]

Mir hat einmal das Vorbild einer Frau sehr geholfen, das Wesen dieser Augen zu verstehen. Marita Sommer hatte mit ihrer Freundin Cindy ein Waisenhaus und eine Schule in einem der ärmsten Land-

---
10 Psalm 139, 14+16
11 Fußnote in der revidierten Elberfelder Übersetzung. Der Begriff „ungeformt" unterstreicht, dass er dich schon ansah, bevor du als Mensch richtig zu erkennen warst.
12 Vgl. 1. Mose 16, 13, wo Hagar Gott als El Roi – der Gott, der sieht – erkennt.

Kapitel 1: Der Schrei im Herzen Gottes

striche Rumäniens gegründet. Doch diese Reise aus Deutschland in den Norden Rumäniens war anders als die unzähligen Reisen zuvor. Es war Januar und bitterkalt auf dem Bahnhof in Bukarest. Marita war 59 Jahre und der Krebs hatte sich durch ihren Körper gefressen. Es war klar, dass es die letzte Reise ihres Lebens nach Rumänien war. Sie hatte kaum noch Kraft und saß auf ihrem Koffer, während ihre Freundin Cindy eilig versuchte, Fahrkarten zu besorgen. Als Cindy in Sorge um ihre geschwächte Freundin zurück kam, fragte Marita: „Hast du dieses Kind da gesehen?" „Welches Kind?", fragte Cindy. Ihr war in ihrer Sorge und Geschäftigkeit kein Kind aufgefallen. „Na, diesen Jungen da. Er ist ganz schmutzig, hat keine Jacke und seine Nase läuft und läuft." Trotz ihrer eigenen Schwäche hatte Marita dieses ca. fünfjährige Kind entdeckt. Es gehörte zu einer Volksgruppe, die in Rumänien sehr verachtet ist. Sie sah die Not, und so konnten die Freundinnen gemeinsam dem Kind mit ihren eigenen Essensvorräten und der Botschaft von der Liebe Gottes Gutes tun.

Diese Geschichte wurde etwa drei Wochen später auf der Trauerfeier für Marita erzählt. Ich saß unter den Zuhörern und wie die meisten hatte ich Tränen in den Augen. Erst nachher ging mir auf, was für eine wunderbare Veranschaulichung der Blick von Marita für die Augen ihres himmlischen Vaters ist. Der Vater hat in seinem Sohn Jesus Christus die Not und den Schmerz der ganzen Welt getragen.[13] Er sieht dich nicht wie viele andere, die dich vielleicht wegen deiner Herkunft verachten. Er übersieht dich auch nicht, weil er viel zu beschäftigt ist. Vielleicht hast du das in deiner Familie oder sogar bei manchen Christen erlebt, den sogenannten „eiligen Heiligen". Gott wendet sich auch nicht ab wegen deines Mangels, deiner Krankheit oder weil du schmutzig bist – sei es innerlich oder äußerlich - oder weil er einfach mit dir überfordert ist. Abba-Gott sieht dich, auch wenn du es noch gar nicht merkst. Und er möchte dir sehr persönlich begegnen. Ich lade dich ein, ihm mit diesem Gebet zu antworten:

---

[13] Vgl. 2. Korinther 5, 19

Die Schönheit der Prinzen und Prinzessinnen Gottes in den Augen des Vaters

„Himmlischer Vater, Du siehst mich – und Du hast Freude an mir, denn ich bin Dein Kind. Du siehst mich trotz des Schmutzes oder der Dinge, für die ich mich selbst schäme oder für die andere mich verachten. Du wirst mich nicht wegstoßen, sondern meiner Not begegnen. Du siehst in mir das Mädchen in seinem Prinzessinnenkleid oder auch den Jungen, der zeigt, wie cool er hüpfen kann – einfach nur, um gesehen zu werden. Ich danke Dir dafür – ich genieße den Blick Deiner Liebe."

Schließe jetzt deine Augen und genieße es einen Moment, wie er dich ansieht, bevor du in dem Gebet weiter gehst.

„Vater-Gott, Du siehst, wie ich die Bauklötzchen meines Lebens aufeinander setze. Manches scheint mir gelungen, vieles würde ich am liebsten gleich umwerfen wie ein zorniges Kind. Bei manchem weiß ich selbst nicht, was ich davon halten soll. Danke, dass Du das ganze Bauwerk meines Lebens ansiehst, ohne Spott, ohne Verurteilung, einfach mit den Augen Deiner Liebe. Danke, dass ich Deine mögliche Korrektur nicht fürchten muss, denn sie wird aus Deiner Liebe kommen. Genau dann, wenn ich sie brauche und genau so, dass ich sie annehmen kann. Denn Du bist der Gott, der mich ansieht, kennt und liebt."

Marion hat diesen Blick des himmlischen Vaters erlebt. Sie litt darunter, dass ihr Vater mit ihr nicht viel anfangen konnte. Ja, bei dem älteren Bruder war das anders, der war wie er. Mit dem konnte er in den Wald gehen, wandern und vernünftige Gespräche führen. Aber mit der zarten, leidenschaftlichen und kreativen Tochter fühlte sich ihr Vater überfordert. Als wir jedoch in der Seelsorge miteinander

Kapitel 1: Der Schrei im Herzen Gottes

beteten, spürte Marion, wie Gott sie ansah und wie der himmlische Vater sie völlig in ihrem Inneren verstand. Auf einmal konnte sie erfassen, dass all ihre Schönheit, Kreativität und Leidenschaft als Mädchen ganz viel von seinem göttlichen Wesen widerspiegelte. In diesem Moment wusste sie in ihrem Herzen: Mein Vater im Himmel kennt mich zutiefst, denn ich bin als Frau und Mädchen genauso nach seinem Vorbild gemacht wie mein Bruder.[14] Und deshalb bin ich genau richtig so wie ich bin.

Die Pharisäer und Schriftgelehrten in der Zeit Jesu hatten sehr genaue Vorstellungen von den Menschen um sie herum, was an ihnen falsch oder richtig wäre und wann und wie ihnen zu helfen sei. Eine Frau, die seit 18 Jahren zutiefst gebeugt war – körperlich wie innerlich – hätte der Synagogenvorsteher[15] am liebsten einfach weggeschickt: „Heilungen immer nur von Sonntag bis Freitag! Am Samstag - dem Sabbat - ist der Schalter für Heilung geschlossen."[16] Dieser Mann redete, als wenn er während der Woche Heilung anzubieten hätte wie der Bäcker Brötchen. Wie blind kann es machen, wenn man die Dinge Gottes mit dem Gesetz regeln will. Doch Jesus sieht hier eine Tochter. Töchter werden nicht übersehen. Ein guter Vater würde nicht erst seine Steuererklärung fertig machen, wenn seine Tochter mit aufgeschürftem Knie und Tränen in den Augen angerannt kommt. Jesus sieht diese Frau mit ihrer ganzen Geschichte:

> *„Sollte dann nicht diese, die doch Abrahams Tochter ist, die der Satan schon achtzehn Jahre gebunden hatte, am Sabbat von dieser Fessel gelöst werden?"* [17]

---

14 Vgl. 1. Mose 1, 27
15 Verantwortlicher für den Ablauf eines Gottesdienstes im jüdischen Gemeindehaus
16 Frei nach Lukas 13,14
17 Lukas 13, 16 nach Hoffnung für alle

Die Schönheit der Prinzen und Prinzessinnen Gottes in den Augen des Vaters

Jesus blickt hier nicht nur auf irgendeine Frau, sondern er sieht die Tochter. Nicht eine Tochter des Gesetzes, wo man erst nachforschen müsste, ob sie vielleicht irgendwie selbst an ihrem Unglück schuld ist. Er sieht sie als Tochter Abrahams. Abraham bekam die Verheißung des Segens 430 Jahre bevor das Gesetz gegeben wurde.[18] Weil Jesus sie erkennt, spricht er sein machtvolles Wort und löst sie von ihrer Schwäche: Jetzt, du wertvolle Tochter Abrahams, gilt dir meine Zuwendung. Jetzt setze ich den Segen frei, der dir bestimmt ist. Genau jetzt ist der richtige Zeitpunkt. Der Hinweis auf Abraham bezieht sich natürlich auch auf ihre Zugehörigkeit zum Volk Israel, aber er geht noch darüber hinaus. Dieser Hinweis ist ein Zeugnis ihres Glaubens,[19] der nicht auf sich selbst vertraut, sondern auf die Person, die er ansieht.

So hat es auch Zachäus erlebt. Mangels Körpergröße[20] ist er vermutlich mit einem megagroßen Minderwertigkeitskomplex aufgewachsen. Doch er war clever und hat es in jeder Hinsicht weit nach oben gebracht. Das gilt nicht nur, weil er auf einen Baum kletterte, um Jesus zu sehen. Hätte es damals schon Rankingshows beim Regionalsender Jericho-TV gegeben, wäre er bestimmt unter den Top 10 der reichsten Männer der Stadt gelandet. In einer anderen Kategorie wäre er sogar unschlagbar gewesen: Beim Ranking „Unbeliebteste Person Jerichos" hätten ihn alle Umfragen auf Platz 1 katapultiert. Als Oberzolleintreiber war er nicht nur ein Kollaborateur der römischen Besatzer, sondern machte sich mit unlauteren Methoden noch zusätzlich die Taschen voll. Die meisten Leute, besonders die Frommen, sahen ihn nur als den gehassten, verachtungswürdigen, sündigen Mann.[21] Doch Jesus sieht den Sohn:

---

18 Galater 3, 17
19 Galater 3, 7 „Erkennt daraus: die aus Glauben sind, diese sind Abrahams Söhne!"
20 Lukas 19, 3
21 Lukas 19, 7

Kapitel 1: Der Schrei im Herzen Gottes

> *„Heute ist diesem Haus Heil wiederfahren, weil auch er ein Sohn Abrahams ist."*[22]

Jesus bringt sein Heil zu den Söhnen und Töchtern. Oft beinhaltet das Gesundheit wie bei der Frau in der Synagoge oder das Angebot von geheilten Beziehungen wie bei Zachäus. Der verhielt sich übrigens nach dieser Begegnung mit Jesus auch wie ein Sohn des himmlischen Vaters und erstattete alles Ergaunerte mehrfach zurück. Vor allem aber beinhaltet Sohn oder Tochter zu sein eines: Errettung[23] – die ewige wunderbare Beziehung zu Gott, dem Vater, dem Sohn und dem Heiligen Geist.

Jesus hat die Söhne und Töchter Abrahams gesehen und erkannt. Er hat sie gerne mit seinem Heil und seiner Liebe beschenkt. Sie waren Vorläufer für das, was wir heute durch seinen Tod und die Auferstehung im vollen Sinne sein können: Söhne und Töchter des Vaters im Himmel! Diese Botschaft hat Johannes total fasziniert. Er war derjenige der zwölf Jünger, der Jesu Herzschlag besser kannte als jeder andere. Er selbst nennt sich „der Jünger, den Jesus liebte".[24] Er hatte mit nur zwei anderen Jüngern das Vorrecht, mit Jesus auf dem Berg der Verklärung zu sein, als Jesus seine Unterredung mit Mose und Elia hatte.[25] Vermutlich kam eine tiefe Ehrfurcht über ihn, als er die Erscheinung dieser zwei großen Männer aus dem Alten Testament sah. Doch was dann kam, hat ihn garantiert restlos aus seinen ausgelatschten Sandalen gehauen. Er hörte plötzlich die gewaltige, hörbare Stimme von Vater-Gott höchst persönlich aus dem Himmel erschallen:

---

22 Lukas 19, 9
23 Griechisch soteria – Rettung aus Lebensgefahr (Bauer Wörterbuch zum NT). Weil Jesus Sünden vergeben hat, ist Errettung schon Gegenwart.
24 Johannes 21, 20
25 Matthäus 17, 1ff

Die Schönheit der Prinzen und Prinzessinnen Gottes in den Augen des Vaters

"Dieser ist mein geliebter Sohn, an dem ich Wohlgefallen gefunden habe. Ihn hört!" [26]

Ich bin überzeugt: Johannes gefror noch Jahre später das Blut in den Adern, wenn er nur an diese Stimme dachte.[27] Tiefer als jeder andere Mensch hatte er begriffen, dass Jesus wirklich der Sohn Gottes ist. Gerade deshalb setzt er an den Anfang seines Evangeliums eine für jeden religiösen Menschen seiner Zeit ungeheuerliche Aussage:

"...so viele ihn (Jesus) aber aufnahmen, denen gab er das Recht, Kinder Gottes zu werden, denen, die an seinen Namen glauben". [28]

Der einzigartige Sohn Jesus gibt Anteil an seiner Sohnschaft – allen, die ihn in ihr Leben einladen und an ihn glauben. Er verleiht das Recht[29], ein Kind Gottes zu sein und als vollwertiges Glied der Familie Gottes zu agieren. Wenn du Jesus noch nie bewusst in dein Leben aufgenommen hast, lade ich dich ein, jetzt mit einfachen Worten zu ihm zu sprechen:

"Jesus Christus, Du einzigartiger Sohn Gottes, ich brauche Dich. Übernimm Du die Herrschaft in meinem Leben. Ich bitte Dich,

---

26 Matthäus 17, 5
27 Vgl. Matthäus 17, 6
28 Johannes 1, 12
29 Griechisch *exousia* – Aufgrund einer Position zustehende Handlungsvollmacht. (n. Theologisches Begriffslexikon zum NT, Begriff „Macht".) Das Nomen Exousia leitet sich vom Verb exestin ab und „verneint das Vorhandensein irgendeines Hindernisses" (Elberfelder Studienbibel mit Sprachschlüssel NT, Worterklärung 1831). Dadurch wird betont: Die Distanz zwischen dem ewigen, heiligen Gott und dem Menschen wird überwunden und wir werden „Kind Gottes" im vollen Rechtssinnn, vergleichbar einer Adoption.

Kapitel 1: Der Schrei im Herzen Gottes

> *dass Du zugleich als Freund und Herr in mir lebst. Bitte vergib mir jede Schuld, die mich von Gott, dem Vater, trennt. Ich vertraue Dir, Jesus, mein Leben an und empfange das Recht, ab sofort und für alle Ewigkeit ein geliebtes Kind des himmlischen Vaters zu sein."*

Ob du dieses Gebet gerade das erste Mal oder in ähnlicher Weise schon vor vielen Jahrzehnten gebetet hast, ist egal: Herzlichen Glückwunsch, du bist ein Kind Gottes! Gott ist dein wunderbarer Vater. Wie Jesus, als er noch auf der Erde umherging, kannst du ab jetzt mit Vater-Gott in inniger Gemeinschaft leben.[30] Jesus nannte seinen Vater im Gebet „Abba".[31] Das ist ein Begriff aus dem Aramäischen, der Muttersprache Jesu, und bedeutet schlicht „Papa". In jeder Lebenslage war er im Vertrauen gegenüber seinem Abba geborgen. Und das Geniale daran: Jesu Beziehung zum Vater ist das Vorbild für deine Beziehung zum himmlischen Vater![32] Der Vater im Himmel ist dein liebevoller, zuverlässiger und warmherziger „Papa" und gleichzeitig ist er der ewige und allmächtige Gott. Um das deutlich zu machen verwende ich gerne den Begriff „Abba-Gott". Du kannst die Aussage auch umdrehen: Der alles überragende Gott ist gleichzeitig mein wunderbarer Papa. Damit ist eigentlich alles gesagt. Es bleibt mir nur, das Buch hier zu beenden und dir viel Spaß bei deinem wunderschönen, geborgenen und sinnerfüllten Leben mit Abba-Gott[33] zu wünschen!!!

---

30 Vgl. Johannes 5, 19 „Der Sohn kann nichts von sich selbst tun, außer was er den Vater tun sieht; denn was der tut, das tut ebenso auch der Sohn."
31 Markus 14, 36 vgl. Galater 4, 6; Römer 8, 15 abba – aus dem Aramäischen übernommenes Wort, das die vertrauensvolle Anrede eines Kleinkindes seinem Vater gegenüber wiedergibt (Elberfelder Studienbibel mit Sprachschlüssel, NT).
32 Johannes 17, 20+21
33 Ich verwende im Buch häufig die Bezeichnungen „Abba-Gott", „Abba-Vater", „himmlischer Vater" oder „Vater im Himmel", um den Gott zu beschreiben, der sich als dein liebender und starker Vater offenbart. Die Begriffe dienen dazu, unbewusste Verwechslungen mit deinem irdischen Vater oder einem angstbesetzten Gottesbild möglichst zu vermeiden.

Der Schrei im Herzen Gottes

Naja, wenn es da nicht in unserem Herz immer dieses quälende „aber" gäbe. Das klingt ja toll, aber … ob Gott auch mich so liebt, da bin ich mir nicht so sicher. Aber wer weiß, ob er mich nicht doch vergisst, oder sogar mir eins reindrücken will. Aber ich kann mir nicht sicher sein, ob Gott mich nicht doch verlässt, gerade wenn ich ihn am meisten brauche. Gerne würde ich dich fragen, was dein „aber" ist. Ich weiß es nicht. Doch ich kann dir eine Idee geben, wo dein „aber" her kommt. Es kommt von dem Sprung in der Brille, in deiner und meiner Brille, mit der wir auf Gott schauen. Diese Brille ist dein und mein Vater – und sie hat einen Sprung, wie alles, seitdem der Mensch im Garten Eden meinte, er müsse mehr auf sich selbst als auf Gott vertrauen.

Kapitel 1: Der Schrei im Herzen Gottes

Warum wir Gott durch eine Brille anschauen

Ist dir schon einmal aufgefallen, dass Gott Dinge gerne sehr anschaulich macht? Dabei riskiert er sogar, dass sie dann missverstanden werden. In meiner Bibel nehmen die Berichte über das Leben Jesu, die vier Evangelien, genau 145 Seiten ein. Stell dir einmal vor, Gott hätte diese 145 Seiten genutzt, um einfach von Grund auf haarklein zu beschreiben, wie er ist, was er denkt, was er fühlt, wie er handelt, was wir tun und was wir auf jeden Fall lassen sollen. 145 Seiten, klein gedruckt, das wäre doch toll. Endlich wüsste man genau, woran man mit Gott ist. Er hätte das Buch „Gott für Dummies" nennen können und sicher einen absoluten Bestseller gelandet. Aber was macht er?! Er schickt seinen Sohn Jesus, der über sich selbst sagt: „Wer mich gesehen hat, hat den Vater gesehen."[34].

Und dann müssen sich nachher Matthäus, Markus, Lukas und Johannes hinsetzen und aufschreiben, was sie gesehen und gehört haben. Bis heute streiten sich die Theologen, wie das denn alles bitte richtig zu verstehen sei. Und doch hat es Gott der Vater vorgezogen, uns sein Wesen in Jesus buchstäblich vor Augen zu führen. Denn das berührt unser Herz viel mehr als 145 kleingedruckte Seiten mit Beschreibungen.

So wie Jesus die vollkommene Veranschaulichung des himmlischen Vaters ist, Paulus bezeichnet ihn als „Gottes Bild"[35], so hat er uns unsere irdischen Väter auch als ein Bild gegeben.

In Psalm 103, 13 steht:

> *„Wie sich ein Vater über Kinder erbarmt, so erbarmt sich der HERR über die, die ihn fürchten."*

---

34 Johannes 14, 9
35 2. Korinther 4, 4

Warum wir Gott durch eine Brille anschauen

Der liebevolle Umgang eines Vaters mit seinen Kindern, die ihm mit Achtung (nicht Angst)[36] begegnen, soll das Bild in unserem Herz sein, wie Gott uns begegnet. Ein Bild mit Haut und Haaren, Lachen und Wärme, das sich tief in unserer Seele verankert. Das war Gottes Plan.

Auch Jesus selbst stellt uns die irdischen Väter vor Augen, um uns ein Bild von dem himmlischen Vater zu geben:

> *„Wen von euch, der Vater ist, wird der Sohn um einen Fisch bitten – und wird er ihm statt des Fisches etwa eine Schlange geben? Oder auch, wenn er um ein Ei bäte – er wird ihm doch nicht einen Skorpion geben? Wenn nun ihr, die ihr böse seid, euren Kindern gute Gaben zu geben wisst, wie viel mehr wird der Vater, der vom Himmel gibt, den Heiligen Geist geben denen, die ihn bitten!"*[37]

Jesus schaute den zwölf Jüngern damals direkt in die Augen. Wenn sie die Vaterschaft in sich spüren konnten, dann konnten sie das Wesen Gottes in dieser Frage fühlen. Dabei ist Jesus völlig klar, wie unvollkommen das Bild der irdischen Väter ist – sie sind ja „böse". Und doch nimmt Jesus diesen Vergleich, denn in all ihrer Sündhaftigkeit und Zerbrochenheit spiegeln sie immer noch etwas vom Vater im Himmel wider: Sie wollen ihren Kindern nicht schaden, die sie um Nahrung und Versorgung bitten, sondern ihnen lieber etwas Gutes geben.

Vielleicht zeichnet die Erfahrung mit deinem Vater ein sehr zerbrochenes oder sogar böses Bild des himmlischen Vaters. Jesus wusste um diese Realität. Und doch gibt es Aspekte, in denen dein leiblicher Vater oder der Mann, der die Vaterrolle einnahm, deinen himmlischen Vater widerspiegelt. Eine Klientin erzählte mir die Geschichte von

---

[36] Vgl. 1. Johannes 4, 18 „Furcht ist nicht in der Liebe ..."
[37] Lukas 11, 11-13

Kapitel 1: Der Schrei im Herzen Gottes

ihrem unnahbaren und auch unreifen Vater. Immer wenn sie krank war, kochte er ihr mit viel Hingabe heißen Kakao. Trotz allem Mangel, den sie erlebt hatte, war er ihr dadurch ein Bild für die Liebe des himmlischen Vaters, die uns gerade in schwierigen Zeiten mit kleinen Freundlichkeiten erfreut.

Mancher Vater hat sein Kind sogar schon verlassen, bevor es überhaupt geboren wurde. Und dennoch blieb in seinem Herzen eine ungestillte Sehnsucht, sein Kind zu kennen und zu lieben. Eine Sehnsucht, für die er sein ganzes Leben lang nie Worte fand. Vielleicht fragst du dich, warum er dann so hart war, als ihr euch nach Jahrzehnten endlich getroffen habt. Der Grund ist, dass die Wunde der Trennung, die Wunde der Scham und Schuld in seinem Herz nie Heilung fand. Aber die Sehnsucht war immer da und spiegelt etwas von der Sehnsucht des Vaters im Himmel wider, die er nach dir hat, wenn du innerlich weit weg von ihm bist. Wenn du möchtest, kannst du gerade jetzt beten:

> *„Lieber himmlischer Vater, bitte zeige mir Aspekte in meinem Vater, in denen er trotz aller Mängel und Sündhaftigkeit Dein Abba-Vater-Herz widerspiegelte. (Warte jetzt einen Moment, ob Gott dich an einen oder mehrere Aspekte erinnert, z.B. Versorgung, Schutz, Humor, dass er durch die Zeugung dein Leben ermöglichte.) Abba-Vater, ich danke Dir jetzt für diesen guten Aspekt meines irdischen Vaters."*

Ich glaube, dass Heilung in dein Herz kommt und dein Blick auf Abba-Gott klarer wird, wenn du ihm immer wieder für die guten Anteile deines irdischen Vaters dankst.

Kapitel 2

Sprünge in der Brille[38]

Ich werde nachts wach und liege in meinem Bett. Ich fühle mich schrecklich. Ich bin alleine, abgeschnitten vom Leben. Völlig verlassen, mein ganzes Leben ist absolut sinnlos. Hoffnungslosigkeit überflutet mich. Ich bin total überfordert, ohne Hilfe, ohne Trost, aber das Schlimmste ist die gnadenlose Einsamkeit, die in meiner Seele schreit. Gott ist ewig weit weg, von ihm gibt es absolut nichts zu erwarten.

So bin ich oft aufgewacht, wenn ich unter Stress war oder einen grippalen Infekt hatte. Mein in manchen Bereichen vaterloses Herz blutete. Dabei waren meine äußeren Umstände alles andere als dramatisch: Ich hatte nur eine harmlose Erkältung oder es war einfach gerade viel los in der Kombination aus Job und Dienst in der christlichen Gemeinde. Nur eine Armeslänge neben mir lag meine wunderbare Frau, die ich sehr liebte, und von der ich wusste, dass sie mich sehr liebte. Ich hatte echte Freunde und arbeitete gerne in der Gemeinde mit. Und Gott hatte sich in meinem Leben und Dienst immer wieder als treu erwiesen. Ich hatte es nie bereut, dass ich ihm ab meinem siebzehnten Lebensjahr nachfolgte.

Doch wenn ich nachts aufwachte, sah ich die Situation und Gott darin völlig verzerrt. Was ich aus der Bibel über die Liebe, Treue und Kraft Gottes glaubte, konnte ich einfach nicht in Verbindung bringen mit meinem Erleben in der Nacht. Das ist typisch für unser Leben mit dem Sprung in der Brille. Auf der einen Seite ist da der Glaube: Vertrauen auf Abba-Gott und sein Wort. Dieser Glaube ist ehrlich und echt. Aber auf der anderen Seite sagen die Gefühle etwas ganz anderes. Und die lassen sich nicht einfach abstellen. Das ist auch gut so, denn sie sind ein herrliches Geschenk Gottes. Stell dir

---

[38] Wesentliche Impulse zu diesem Kapitel habe ich dem Buch von Ed Piorek, Nahe am Vaterherz, Kapitel „Zerbrochene Bilder" entnommen.

Kapitel 2

vor, du hörst wunderbare Musik, bestaunst einen Sonnenuntergang, triffst die Frau oder den Mann deines Lebens, hältst das erste Mal deinen Enkel im Arm – und das alles ohne Gefühle. Oder bei einem Geschäft will dich jemand über den Tisch ziehen und du würdest den angemessenen Ärger nicht spüren, der dir Kraft gibt, dich zu wehren. Gefühle sind Boten, die uns etwas Wichtiges mitteilen wollen. Meine Gefühle wollten mir mitteilen, dass ich etwas langsamer treten und auf meine Kraft achten sollte. Das entsprach absolut dem Herzen meines himmlischen Vaters. Doch mit dem Sprung in der Brille kommt oft die falsche Botschaft an. Das Bild wird irgendwie verzerrt und unsere Gefühle teilen uns etwas mit, was gar nicht zu unserem himmlischen Vater gehört.

Meine Brille hatte schon einen mächtigen Sprung in den ersten Lebensmonaten bekommen. Und in diesen trostlosen Nächten sah ich Abba-Gott und das Leben verzerrt durch den Sprung in meiner Brille: Als Baby schrie ich nachts extrem viel. Ich brachte meine Eltern um den Schlaf, und das Nacht für Nacht. Keiner verstand, was mit mir los war. Meine Eltern hatten schon zwei Jungen durch die anstrengende Säuglingszeit gebracht, aber bei mir wussten sie sich keinen Rat mehr.

Sprünge in der Brille

Irgendwann schrie ich wieder. Mein Vater war am Ende seiner Nerven und nahm mich in seiner Hilflosigkeit aus dem Bettchen. Doch statt mich zu trösten, gab es einen kräftigen Klaps auf die Windel: „Sei still, jetzt ist endlich Ruhe!", so oder ähnlich redete er mich scharf an. Ich weiß von alledem nur, weil meine Eltern mir die Geschichte wiederholt erzählt haben. Am Ende der Erzählung kam dann immer der entscheidende Nachsatz: „Seitdem hast du nie wieder nachts geschrien." Einerseits klang da viel Erleichterung mit, da sie endlich wieder schlafen konnten, aber andererseits ahnten sie auch, dass in dieser Nacht vielleicht etwas Schlechtes in mir passiert war.

Wenn Säuglinge schreien, haben sie einen Grund. Sie können ihn nicht in Worte fassen, aber sie brauchen ganz dringend die Hilfe von Papa oder Mama. In ihrem Herzen ist eine Gewissheit, dass da draußen jemand ist, der ihr Schreien hören wird, der sie retten wird aus ihrer Not, seien es nun Bauchschmerzen, Hunger oder die volle Windel. Man könnte dieses Wissen kindlichen Glauben nennen – ein tiefe Gewissheit, dass ich versorgt werde, eine tiefe innere Überzeugung, dass Hilfe oder doch zumindest Trost da sein wird, wenn ich schreie. Doch in dieser Nacht lernte ich etwas anderes: Es ist gefährlich, meine Sehnsucht nach Hilfe und Trost hinauszuschreien. Es wird keine Antwort auf meine Wünsche und Bedürfnisse geben. Stattdessen wird Schmerz und Bedrohung kommen. Heute weiß ich, wie sehr mein Vater mich auch damals schon geliebt hat, aber als sensibles Baby hatte ich den Klaps und seinen entnervten Ton als Bedrohung gedeutet. Deshalb traf ich eine kindliche, innere Festlegung: „Ich muss meine Not alleine aushalten." Deshalb schrie ich nie mehr. Und in all den Nächten danach kam die Einsamkeit. Eine schwarze Einsamkeit, in der es keinen Trost gab. Die Einsamkeit, die ich fühlte, wenn ich später als Erwachsener kränklich oder in einer stressigen Zeit aufwachte. Ich glaubte an Gott, meinen Vater im Himmel. Ich hatte ihn schon als Abba-Gott kennengelernt. Er ist der Gott, den ich vertrauensvoll als „Papa" anreden darf und dessen ganze Liebe und Aufmerksamkeit

Kapitel 2

mir gilt. Aber der Sprung in der Brille hinderte mich daran, ihm in diesen Nächten zu begegnen. Mein Gefühl schrie, dass er Millionen Lichtjahre weit entfernt wäre und sich mit Sicherheit nicht um mich kümmern würde.

Wenn ich das heute aufschreibe, muss ich dankbar schmunzeln. Abba-Gott hat diesen Sprung in meiner Brille geheilt. Seelsorge, herzliche Vergebung für meine gestressten Eltern und mein Sündenbekenntnis vor Gott, weil ich meine Eltern damals unbewusst verurteilt hatte[39], leisteten einen wesentlichen Beitrag dazu. Ich habe im Gebet auch die Lüge widerrufen, dass ich nachts verlassen und einsam sein würde. In der Zeit danach hat mir Abba-Gott einfach immer weiter sein Herz gezeigt. Solche Nächte wie oben beschrieben kenne ich seit vielen Jahren nicht mehr. Wenn ich heute mit Sorgen aufwache, gehe ich im Gebet zu meinem himmlischen Vater. Ich gebe ihm all das, was ich ohnehin nicht tragen kann. Und er ist da und gibt mir seinen Frieden. Ja, wir alle haben einen Sprung in der Brille. Ich habe mit Sicherheit auch noch ein paar davon. Aber das ist kein Schicksal, denn Abba-Gott möchte mein und dein Herz durch die Offenbarung seiner Liebe immer mehr heilen. Auch in den einsamen Nächten ist er für mich der „Vater der Waisen"[40] geworden, bei dem ich sicher bin. So wie Jesus selbst in den größten inneren Schmerzen im Garten Gethsemane im Vertrauen zu seinem Abba geborgen war.[41]

Gerne möchte ich mit dir einige Sprünge in der Brille ansehen, die viele von uns haben. Es wird uns helfen zu verstehen, wie unser Bild von Abba-Gott verzerrt wurde. Der Heilige Geist ist der Chef-Optiker. Wenn wir unsere Sprünge in der Brille betrachten, wird er anfangen, unsere Sicht zu korrigieren, denn es ist sein Anliegen, uns

---

39 Vgl. Lukas 6, 37; Epheser 6, 2+3; Psalm 19, 13
40 Psalm 68, 6
41 Markus 14, 36 „Und er sprach: Abba, Vater, alles ist dir möglich. Nimm diesen Kelch von mir weg! Doch nicht, was ich will, sondern was du willst!"

in alle Wahrheit zu führen.[42] Lade ihn ein, dir beim Weiterlesen die Wahrheit über den himmlischen Vater zu offenbaren.

---

42 Johannes 16, 13

Kapitel 2

Der harte, bedrohliche Vater

Franz kam in die Seelsorge, um einen Bereich seines Lebens bewusst vor Gott zu betrachten. Doch als wir das Problem anschauten, merkten wir schnell, wie verschoben sein Bild von Abba-Gott war. Das wunderte mich auch nicht, nachdem wir ein wenig über seinen irdischen Vater gesprochen hatten. Sein Vater war selbst noch ein Teenager, als Franz geboren wurde. Bei Feiern war der Vater eine Stimmungskanone, aber mit Franz und den schnell folgenden jüngeren Geschwistern war er hoffnungslos überfordert. Bei Problemen aller Art reagierte sein Vater sofort mit Wut und Schlägen. Als der Älteste bekam Franz alles ab, wenn irgendetwas schief lief. Immer wieder wurde er hart und oft zu Unrecht bestraft. Es war egal, ob er etwas absichtlich gemacht hatte oder es sogar die Geschwister waren, die etwas angestellt hatten: Franz bekam die Schläge. Mit diesem Sprung in der Brille blickte er jetzt auf Gott: Er glaubte, dass Gott-Vater mächtig, groß und irgendwie sogar gut ist. Franz diente ihm ihn vorbildlicher Weise im Einsatz für die Schwächsten der Schwachen. Aber nahe an sein Herz ließ er den Vater im Himmel nicht. Jesus war ok, der vergab schließlich Sünden. Aber zu Gott-Vater musste man immer möglichst viel Abstand halten – so wie zu seinem leiblichen Vater. Statt von Liebe und Vertrauen war seine Beziehung von Angst und teilweise sogar Unterwürfigkeit geprägt. Er dachte, dass er sich sein Lebensglück irgendwie an Gott vorbei suchen musste. Denn Gnade und Hilfe waren von dem ja nicht zu erwarten. Wie gut war es dann in der Seelsorge, sich im Gebet auf den Weg zu machen, die alten Lügen über den himmlischen Vater abzulegen und das Herz für den wahren Abba-Gott zu öffnen.

Viele Kinder hatten wie Franz Angst vor ihrem Vater. Sie hatten Väter, die wütend waren, von Jähzorn beherrscht. Oft waren diese Väter Männer, die sich von Menschen, dem Leben und Gott bestraft oder betrogen fühlten. Wenn dann noch Alkohol dazu kam, wurde die Wut unkontrollierbar. Du wurdest dann als Kind angeschrien, schlimme

Sprünge in der Brille

Schimpfworte und Schläge prasselten auf dich oder deine Mutter und Geschwister herab. Oft waren kleinste Fehler der Auslöser, falls es überhaupt Fehler waren. Und wenn du dann geweint hast, kam vielleicht noch der brutale Satz: „Wenn du nicht sofort aufhörst zu heulen, gebe ich dir wirklich einen Grund dafür!"

Vielleicht war dein Vater aber auch nicht so zornig, er war nur manchmal genervt von zu viel Arbeit und Verantwortung. Doch du hast eine sehr feinfühlige, sensible Persönlichkeit und schon ein strenges Wort löste Furcht in dir aus. Ich kann mich nicht bewusst erinnern, dass mein Vater mich jemals angeschrien geschweige denn geschlagen hat. Aber ein strenger Blick genügte schon und ich wurde ganz still. Viel entscheidender als die realen Umstände ist die Frage, wie wir in unserem Herz auf die Umstände reagiert haben.

Du kannst mit ein paar Fragen prüfen, wie sehr dein Bild von einem bedrohlichen Vater deinen Blick auf Gott bestimmt. Wie geht es dir, wenn du heute in eine Sünde gerutscht bist? Kannst du dann sofort voller Zuversicht in deinen bildlich gesprochen schmutzigen Kleidern zu Abba-Gott laufen? Oder versteckst du dich erst einmal ein paar Tage, bis sein Zorn hoffentlich verraucht ist?[43] Ist Angst der Antreiber, alle Gebote Gottes zu beachten? Weil dein Herz glaubt, dass er dich bei der kleinsten Übertretung bestimmt fürchterlich bestrafen wird? Wie gefällt dir der Gedanke, ihm zu nahen? Möchtest du in deiner persönlichen Zeit mit Gott wie ein Kind auf seinem Schoß sitzen, voller Erwartung, dort Trost und Frieden zu erleben?[44] Du kannst ihn ganz einfach darum bitten: „Abba-Gott, Papa, ich möchte jetzt gerne auf Deinen Schoß kommen. Bitte halte mich. Bitte ermutige mich. Ich sehne mich nach Deiner Nähe und Liebe." Liebst du es, ihm in der Gemeinde im Lobpreis voller Hingabe die Arme entgegen

---

43 Psalm 139 zeigt, dass das ohnehin unmöglich ist. Im Neuen Testament sehen wir, dass sein Zorn nicht verraucht, sondern er dir gerne durch Jesus vergibt. Aber wir sehen eben nicht klar durch die Brille mit Sprung.
44 Vgl. Psalm 131, 2

Der harte, bedrohliche Vater

zu strecken? Oder bleibst du lieber auf Distanz und überlässt das den „emotionaleren Typen" in deinem Umfeld?

Der Vater hält einen Ort auf seinem Schoß für dich bereit, aber durch den Sprung in deiner Brille befürchtest du, zurückgestoßen zu werden. Er schreit nicht, sondern er lockt dich mit sanfter Stimme, um zu deinem Herzen zu reden.[45] Er will dich nicht einschüchtern, sondern er liebt dich und sehnt sich nach der Antwort deiner Liebe.[46] Er empfängt jede Anbetung, die von Herzen kommt. Das gilt auch dann, wenn es in manchen Bereichen deines Lebens mit Gott noch so richtig mies läuft.

Allerdings bedeutet dies nicht, dass wir als Kinder unseres Abba-Gottes immer mit dem alten Mist weiter machen sollen, der uns und anderen schadet und unseren himmlischen Vater entehrt. Die Bibel nennt diesen Mist schlichtweg Sünde. Wie ein irdischer Vater oder eine Mutter den Kindern beibringt, sich vor dem Essen die Hände zu waschen und sich zu duschen, so fordert uns unser Vater im Himmel auf: „Wenn ihr mir naht reinigt eure Hände und euer Herz"[47]. Damit meint er, dass wir unsere Herzenseinstellungen und unsere Handlungen immer mehr so verändern sollen, dass er dadurch geehrt wird und es letztlich uns und anderen gut tut. Diese Veränderung ist nur durch die Vergebung und Gnade Jesu möglich.[48] Der Motor dabei ist aber nicht Angst, sondern der tiefe Wunsch, dem himmlischen Vater Freude zu bereiten. Er liebt uns so sehr und wir dürfen ihn zurück lieben.[49]

---

45 Hosea 2, 16; Jesaja 42, 1+2 Der Geist des Vaters schreit nicht.
46 Vgl. 1. Johannes 4, 16-19. Die Gottesfurcht im Sinne von Achtung und Ehre für Gott ist etwas anderes.
47 Frei nach Jakobus 4, 8
48 1. Korinther 1, 30
49 1. Johannes 4, 19

Sprünge in der Brille

Der unbeständige Vater

Manchmal kann Papa ganz lieb sein – und dann ist er wieder zornig oder abwesend. Wie ein großes Kind kann er mit seinen Kindern umher tollen – und eine halbe Stunde später beim kleinsten Geräusch ausrasten. Er verspricht aus ehrlicher Absicht einen wunderschönen Ausflug am Wochenende, nur um ihn dann abzusagen, weil er gerade keine Kraft oder Lust mehr hat. Vielleicht fand dein Vater es manchmal super, wenn du ihn als Mädchen voller Begeisterung mit News über deinen Lieblingssänger zugetextet hast, aber schon am kommenden Morgen wurde dein Erzählen nur mit einem kalten „Du nervst" quittiert. An einem Tag fand Papa es cool, dass du als Junge ganz lässig die Füße auf den Tisch gelegt hast, aber am nächsten Tag beschimpfte er dich für dieselbe Handlung als unordentlichen Nichtsnutz. Es ging gar nicht darum, „das Richtige" zu tun, sondern du musstest richtig erspüren, wie Papa heute drauf ist. Wenn du das rausbekommen hattest, konntest du dich so verhalten, dass es keinen Ärger gab. Es ist kein Wunder, dass du manchmal ganz schön verwirrt warst, und vielleicht teilweise auch heute noch im Blick auf den himmlischen Vater bist. Es ist hier nicht der Platz zu sagen, wie diese Unbeständigkeit ins Leben deines Vaters kam. Was für dich jedoch wichtig ist: Falls diese Beschreibung auf deinen Vater zutrifft, dann haben deine Erfahrungen mit ihm dein Bild von dir selbst mächtig geprägt. Gerade kleine Kinder beziehen alles auf sich und meinen, dass sie irgendwie schuld an Papas Stimmungsschwankungen gewesen sein müssen. Und es hat auch dein Bild von Abba-Gott geprägt. Vielleicht versuchst du heute bewusst, nur die „guten Seiten" deines Papas auf Gott zu beziehen. Damit du deine Brille aber realistisch prüfen kannst, mit der du Gott anschaust, möchte ich dir wieder ein paar Fragen an die Hand geben.

 Fällt es dir leicht, Abba-Gott zu vertrauen, wenn du an seine Hilfe in der Vergangenheit denkst? Oder nagt da innerlich eine Frage:

Kapitel 2

Ja, ich habe ihn in der Vergangenheit erlebt. Ich habe seine Liebe gespürt. Ich habe erlebt, wie er mich auch in schwierigen Zeiten versorgt hat. Aber wird er es auch in der Zukunft tun? Kann ich mir dessen wirklich sicher sein? Vielleicht wird er doch einen Fehler in mir finden und mich wegstoßen oder hängen lassen. Versuchst du, Gott immer irgendwie zufriedenzustellen? Aber gleichzeitig bist du unsicher: Wann ist er denn zufrieden? Was erwartet er denn genau von mir? Vielleicht war dein Vater in alledem auch noch ein großer Schweiger, so dass du nie wusstest, was er wollte. Und du merkst, wie deine Seele einfach nicht im Wohlgefallen Gottes zur Ruhe kommt. Wenn Gott durch die Bibel oder ein Reden in deinem Herz zu dir gesprochen hat: Kannst du diesem Weg folgen, oder bist du immer unsicher, ob er nicht jetzt doch vielleicht etwas ganz anderes mit dir vor hat?

Abba-Gott stellt sich uns durch die ganze Bibel hindurch als der Beständige vor. Seine Liebe endet noch nicht einmal, wenn wir unbeständig sind. Sein Wort sagt:

> *"...wenn wir untreu sind – er bleibt treu, denn er kann sich selbst nicht verleugnen."* [50]

Treue und Beständigkeit sind Teil des innersten Wesens von Abba-Gott. In „ewigen Armen"[51] der Liebe hält er dein Leben – da gibt es keine Unsicherheit. Wie wir später beim Abschnitt über unsere Identität im Vater noch sehen werden, ist Jesus nicht nur das perfekte Abbild des Vaters – er ist auch das perfekte Vorbild für uns als Sohn oder Tochter. Vielleicht hast du wie ich schon einmal gerätselt, wie Jesus mitten im Sturm schlafen konnte.[52] Solche Stürme auf dem See Genezareth waren gefährlich. Bestimmt hatte Jesus schon als Kind von Fischern

---
50 2. Timotheus 1, 13
51 5. Mose 33, 27
52 Markus 4, 35-41

Der unbeständige Vater

oder Reisenden gehört, die mit ihrem Boot den tückischen Fallwinden zum Opfer gefallen und ertrunken waren. Doch Jesus wusste: Mein himmlischer Abba hat seine Pläne nicht geändert. Mein Weg wird nicht auf dem Grund eines Sees als Fischfutter enden. Und so konnte er selbst mitten im Sturm in den ewigen Armen seines himmlischen Vaters schlafen, während bei den Jüngern schon das letzte bisschen Gottvertrauen restlos über Bord gegangen war.

Wenn du dich in diesem Abschnitt über den unbeständigen Vater wiederfindest, lade ich dich ein zu beten:

„Abba-Vater, erneuere und stärke mein Vertrauen zu Dir. Mein irdischer Vater hat mich durch sein Verhalten oft verwirrt, verunsichert und verängstigt. Das war schlimm, aber ich vergebe ihm[53], weil Dein Sohn Jesus für alle Sünden am Kreuz gestorben ist. Ich bekenne vor Dir, dass ich meinen irdischen Vater in meiner Enttäuschung und Verwirrung oft verurteilt habe. Auch von Dir, himmlischer Vater, habe ich unbewusst erwartet, dass Du nicht zuverlässig bist. Bitte vergib mir. Ich möchte nicht mehr meinem Unglauben glauben, sondern Dir Abba-Gott vertrauen. Bitte bewirke diesen Glauben in mir.[54] Danke, dass Du es tun wirst."

Dieses Gebet kann für dich ein Muster werden, auch die anderen Sprünge in deiner Vaterbrille ins Gebet zu nehmen. Dabei ist es dann nötig, andere Dinge zu vergeben und zu bekennen. Mach aber kein System daraus, der Heilige Geist ist immer noch der Chef-Optiker. Er möchte dir im Gebet helfen. Oft ist es auch eine große Hilfe, mit einem christlichen Freund oder Seelsorger gemeinsam zu beten.

---

53 Manchmal fällt es schwer zu vergeben, weil wir meinen, dadurch wird verharmlost, was wir erdulden mussten. Aber das Gegenteil ist der Fall: In der Vergebung wird die ganze Wucht der Sünde deutlich, denn sie war so schrecklich, dass selbst Abba-Gott sie nur durch den Opfertod seines eigenen Sohnes ausgleichen konnte.
54 Epheser 2, 8. Galater 4, 6 betont, dass es der Geist Jesus in uns ist, der „Abba, Vater" ruft

Kapitel 2: Sprünge in der Brille

Der schwache Vater

Als ich anfing zu begreifen, wie der Sprung in unserer Vaterbrille unseren Blick auf Gott verschiebt, war ich ganz begeistert. Ich hatte einen Schlüssel gefunden, den ich in meiner Funktion als Pastor und Seelsorger überall anwenden wollte. Aber bei einer Frau aus meinem Umfeld schien er gar nicht zu passen. Sie war immer wieder enttäuscht von Gott, oft auch ärgerlich auf ihn. Doch die Vaterbilder, die wir bisher betrachteten, trafen gar nicht auf ihren Vater zu. Er war nicht unzuverlässig und auch nicht hart oder grob. Ganz im Gegenteil, ich kannte ihn ja selbst. Er war ein lieber, freundlicher und zugewandter Mensch. Jederzeit konnte sie als Kind auf seinen Schoß fliehen, egal ob sie sich weh getan hatte, traurig war oder einfach nur kuscheln wollte. Sie konnte sich seiner Liebe immer sicher sein und er nahm sich auch die Zeit, die sie brauchte. Wer einen harten oder unbeständigen Vater hatte, hat sich als Kind oft so einen „lieben Papa" gewünscht. Doch die Sache hat einen Haken. Der liebe Papa ist zwar lieb – aber oft auch schwach. Wenn das dein Vater war, weißt du, wovon ich rede. Er stellte sich nicht zu dir gegen den ungerechten Lehrer. Er konnte dir auch nicht zeigen, wie man den fiesen Jungs in der Schule Paroli bietet. Und auch gegen Mama stand er dir nicht bei, wenn sie schlecht gelaunt oder ungerecht war. Er war wirklich lieb, und du hattest ihn auch echt lieb. Aber je älter du wurdest, desto mehr wurde dir klar: Er kann mir nicht helfen – er braucht eher meine Hilfe. Und genau durch diesen Sprung in der Brille siehst du heute Gott an. Vielleicht versuchst du sogar, Abba-Gott zu helfen, also das zu erledigen, was er scheinbar nicht hinbekommt. Das ist unglaublich anstrengend und oft gehst du dabei weit über deine Grenzen. Nach außen bist du ungeheuer stark – aber dein Herz kann nicht glauben, dass Gott stark für dich ist.

Der schwache Vater

Auch Claudia konnte diese Stärke des Vaters nicht mit ihrem Herz erfassen. Ihr Vater hatte ein sehr sensibles Wesen, so wie sie selbst. Am Ende ihrer Teenagerzeit wollte Claudia gerne mit einigen Freunden wegfahren. Wie sehr wünschte sie sich, in der Clique dabei sein zu können. Mit aller Kraft hoffte sie, dass ihre Eltern ihr vertrauen würden. Aber von der Mutter gab es nur ein striktes „nein". Claudia wendete sich mit einem hilfesuchenden Blick an ihren Vater, doch dieser stumme Hilferuf blieb unbeantwortet. Die Reise war gestrichen. Einige Zeit später kam ihr Vater heimlich zu ihr ins Zimmer. Er verstand ihre Sehnsucht und unterstützte ihr Anliegen. Doch er wagte es nicht, gegen die starke Mutter aufzubegehren. Und genau so erlebte Claudia Abba-Gott. Sie wusste, dass er ihr Herz immer verstehen würde, auch im tiefsten Schmerz. Sie liebte es, intime Zeiten des Gebetes und der Anbetung mit ihm zu verbringen. Sie war auch gerne bereit, ihm von Herzen zu dienen. Aber im Alltag war Abba-Gott scheinbar nicht da. Sie konnte die Kraft nicht von ihm abrufen, die sie brauchte, um die Herausforderungen in Beruf und Familie zu meistern.

Um deine Sicht auf Abba-Gott an diesem Punkt zu korrigieren, möchte ich dich kurz in eine Geschichte aus der Bibel mit hineinnehmen. Ich bete, dass der Heilige Geist auch in deinem Leben diesen Abschnitt benutzt, um Glauben und Vertrauen auf seine Stärke in dein Herz zu bringen.

Israel stand nach 40 Jahren Wüstenwanderung am Jordan. Berichte über die starken Kanaaniter hatten sie mächtig eingeschüchtert. Es sollte sogar leibhaftige Riesen unter ihnen geben. Klar, Gott hatte sie in der Wüste irgendwie mit Wachteln und Manna durchgebracht. Aber würde er auch jetzt stark genug sein, damit sie mit ihm diesen Kampf kämpfen konnten? Vielleicht fühlst du dich gerade wie Israel von irgendwelchen Riesen eingeschüchtert oder vielleicht reichen sogar schon Berichte und Befürchtungen über theoretisch mögliche Riesen aus. Du kommst dir vor wie ein kleines Kind, das sich von der

Kapitel 2: Sprünge in der Brille

großen Aufgabe „Leben" völlig überfordert fühlt. Mose stellte dem Volk in dieser Situation Gott als den großen Abba-Gott vor Augen. Ein Vater, der ein mächtiger Kämpfer ist:

> *„Erschreckt nicht und fürchtet euch nicht vor ihnen! Der HERR, euer Gott, der vor euch herzieht, er wird für euch kämpfen nach allem, was er in Ägypten vor euren Augen für euch getan hat und in der Wüste, wo du gesehen hast, dass der HERR, dein Gott, dich getragen hat, wie ein Mann seinen Sohn trägt, auf dem ganzen Weg, den ihr gezogen seid, bis ihr an diesen Ort kamt."* [55]

Ich lade dich ein, diesen Vers ganz praktisch umzusetzen: Fang an, Abba-Gott zu danken für die Dinge in deinem Leben, wo du seine Stärke schon erlebt hast. Ich weiß, dass Väter oft zu schwach waren, ihre Kinder zu tragen. Ich denke an einen Vater, der über den Tod seiner Frau nicht hinweg kam. Er war so in seiner Trauer gefangen, dass er seine kleine Tochter in ihrem Schmerz emotional völlig im Stich ließ. Wenn du so etwas erlebt hast, vergib deinem Vater, der in der schlimmsten Zeit deines Lebens zu schwach war, um dich zu tragen. Vielleicht kannst du Gott danken, dass er dir an manchen Stellen Tanten, Lehrer oder christliche Jugendleiter schickte. Sie haben dich in dieser Zeit in seinem Auftrag getragen, so gut sie konnten. Und richte deinen Blick umso mehr auf deinen himmlischen Vater. Er trägt dich voller Stolz auf seinen Schultern, wie ein Mann seinen Sohn trägt. Du bist ihm keine Last, auch wenn du müde bist. Du musst nicht stark für ihn sein, denn er ist stark für dich. Du kannst die Worte des Moses zu deinem ganz persönlichen Gebet umformulieren:

---

[55] 5. Mose 1, 29-31 Hervorhebung durch den Autor

Der schwache Vater

> *„Danke, dass Du mich getragen hast und tragen wirst, so wie ein stolzer Papa seinen Sohn und seine Tochter trägt. Danke, dass Du stark für mich bist. Und danke, dass Du mit mir kämpfst und mich lehrst zu kämpfen."* [56]

Ich glaube, wenn du das tust, wird Gott dir einen zunehmend klaren Blick auf sein Herz geben. Oft verändert sich unsere Sehschärfe erst einmal nur eine halbe Dioptrie zum Guten. Aber bleib dran, und du wirst immer mehr erleben, was für einen liebevollen und starken Vater du hast.

---

[56] Vgl. Psalm 18, 35

Kapitel 2: Sprünge in der Brille

Der fordernde Vater

Ist das Bild vom fordernden Vater wirklich ein Sprung in der Brille, oder ist Gott nicht doch so? Er hat ja einiges aufgeschrieben, was er so erwartet. Da gibt es Dinge, die wir bitte lassen sollen, z. B. die aus den Zehn Geboten. Und auf der anderen Seite gibt es Dinge, die wir bitte tun sollen, z. B. „Gehet hin in alle Welt und machet zu Jüngern ..."[57].

Dazu kommt spenden, viel beten, intensiv Bibel lesen – und vielleicht hast du auch schon eine Predigt gehört, dass man seine „stille Zeit" am besten morgens um 5:00 Uhr macht. Daneben freundlich sein, Zeugnis geben, regelmäßig die Gemeinde besuchen usw., da kommt ein ganz schön langer Forderungskatalog zusammen. Und Gott kann doch nur zufrieden sein, wenn ich in allem mein Bestes gegeben habe. So wie ich es einmal gehört habe: „Das Beste für den Besten!" Fängst du schon an zu schwitzen, wenn du diese ganze Liste liest? Oder macht sich so ein schleichendes Gefühl von Verdammnis in dir breit? Und das, obwohl Abba-Gott uns doch sagen ließ: Es gibt keine Verdammnis für die Menschen, die sich mit Jesus Christus verbunden haben.[58]

Irgendetwas scheint nicht zu stimmen, wenn wir Abba-Gott als den großen Boss im Himmel betrachten, der ständig checkt, ob wir unseren Job auch gut machen. Doch meist merken wir das erst, wenn die ganze Rechnung mit der Leistung nicht mehr aufgeht.

Lian wurde in einem asiatischen Land geboren, zog aber mit seiner Familie schon als kleines Kind nach Deutschland. Sein Vater war Teil der akademischen Elite seines Landes und stark von der konfuzianischen Philosophie geprägt. Die Beziehung zu Lian war distanziert, die unausgesprochenen Erwartungen hoch. Es wurde überhaupt wenig gesprochen zwischen Vater und Sohn. Fehler waren nicht akzeptabel und zumindest im Blick auf die Schulnoten sah die

---

57 Matthäus 28, 20
58 Nach Römer 8, 1

Der fordernde Vater

Mutter das genauso.[59] Lian versuchte wie die meisten Kinder, seinem Vater zu gefallen.[60] Er absolvierte ein anspruchsvolles Studium und ergriff einen angesehenen Beruf. Aber würde das reichen, um die Gunst des Vaters zu bekommen? Oder sollte er doch lieber noch promovieren? Wie sein Vater war auch Lian ein hingegebener Nachfolger Jesu und investierte viel Zeit und Kraft in die Gemeindearbeit. Sein besonderer Herzschlag war, Gott immer mehr anzubeten. Lians große Glaubenskrise kam, als er krank wurde. Immer wieder betete er für Heilung, aber die Krankheit legte ihn über Monate völlig lahm. Was hatte er denn falsch gemacht, dass Gott sich so von ihm zurückzog?! Sah er denn nicht den ganzen Einsatz für sein Reich?! Konnte Gott übersehen, wie Lian versuchte, ihm auch in Familie und Beruf zu folgen?! Warum bestrafte ihn Gott jetzt so hart und ignorierte scheinbar alle seine Gebete?! Oft war Lian völlig verzweifelt, manchmal wütend und voller Anklage gegen Gott. Er wollte seine Krankheit verstehen und blickte deshalb auf Gott. Doch seine Brille hatte einen Sprung, so dass er auch in Gott nur den fordernden und schweigenden Vater sah. Der Blick durch diese Brille ließ nur einen Schluss zu: Ich muss etwas falsch gemacht haben, und jetzt zieht Gott sich völlig zurück, um mich dafür zu bestrafen. Deshalb schweigt er. Lian blieb mit seiner vermeintlichen Schuld alleine, so dass die bohrenden Fragen für eine Zeit den Schmerz in seiner Krankheit sogar noch vergrößerten.

Die Frage, warum Abba-Gott auch im Leben seiner geliebten Kinder Krankheit zulässt, kann ich letztlich nicht beantworten. Schon die Jünger Jesu rätselten herum, woran es wohl lag, dass ein Mann blind geboren wurde.[61] Sie mussten lernen, dass ihre Vermutungen in den Augen Jesu keinen Bestand hatten. Abba-Gott liebt es, wenn seine Söhne und Töchter geheilt werden. Jesus nannte Heilung sogar

---

59 Auch Mütter können unser Bild von Abba-Gott prägen, denn er ist in mancher Hinsicht wie eine Mutter (vgl. Jesaja 66, 13).
60 „Ich gefalle, also bin ich", diesen vielzitierten Satz prägte die französische Psychoanalytikerin Christian Olivier, die viel mit Frauen mit Minderwertigkeitsgefühlen arbeitete. Zitiert in Stern/02.05.2013
61 Johannes 9, 1-7

Kapitel 2: Sprünge in der Brille

„das Brot der Kinder"[62]. In einem langsamen Prozess der Genesung wurde Lian wieder gesund, doch auch damit waren nicht alle Fragen beantwortet. Aber es gibt etwas an seiner Geschichte, das mich freut: Die Krankheit forderte ihn heraus, den Sprung in seiner Brille anzusehen, mit der er auf Abba-Gott blickte. Ganz langsam wurde neben seinem Körper auch sein Herz heiler und er konnte Gott in einer noch tieferen Weise als seinen himmlischen Abba erkennen, der Worte der Liebe zu ihm sprach, und den er als Antwort darauf anbeten wollte.

Wenn du Abba-Gott durch die Brille des fordernden Vaters angeschaut hast, möchte ich dir eine Medizin verordnen, die ich selbst immer wieder zu mir nehme. Meine Frau und ich waren 2001/2002 vier Monate lang in der Toronto Airport Christian Fellowship Gemeinde[63] und haben dort das „Soaking"[64] kennengelernt. Der Begriff meint, sich in der Liebe Gottes einweichen lassen, bis man sie ganz in sich aufgenommen hat. Ungefähr so, wie eine Senfgurke monatelang in der Brühe zieht, bis sie durch und durch nach dem Sud schmeckt. Wenn du dich nicht wie eine Senfgurke fühlen möchtest, kannst du dir auch vorstellen, einfach in einer Hängematte zu liegen und dich nach einem kühlen Morgen von der Sonne der Liebe Gottes erwärmen zu lassen.

Und zwar so lange, bis deine von innerer Anspannung und der Kälte des Lebens erstarrte Seele wieder

---

62 Markus 7, 27
63 Heute "Catch the Fire Toronto".
64 Soaking ist allerdings keine „amerikanische" Erfindung. Schon der Karmelitermönch Bruder Lorenz von der Auferstehung sagte im 17. Jh. „Mein Gebet besteht nun in nichts anderem als im Verweilen in Gottes Gegenwart."

Der fordernde Vater

warm und geschmeidig wird. Du musst dabei absolut nichts tun. Mach es dir einfach auf dem Sofa, oder wenn du leicht einschläfst, im Sessel bequem. Gott hat in seinem Wort viele Zusagen, dass wir ihm gerade in der Ruhe begegnen können.[65] Vielleicht hilft dir ruhige Lobpreismusik, dich ganz auf die Liebe Gottes auszurichten. Diesen Trick benutzte schon der Prophet Elisa, um seine aufgewühlte Seele zur Ruhe zu bringen.[66] Wenn die Gedanken abschweifen, weil du beispielsweise nachher noch jemand anrufen musst, mach dir einfach Notizen auf einen Merkzettel und richte dich dann wieder auf Abba-Gott aus. Das kannst du tun, indem du ihm einfach mehrfach hintereinander leise für seine Liebe dankst, oder du flüsterst ihm ins Ohr, wie lieb du ihn hast. Du kannst auch leise murmelnd[67] immer wieder die Wahrheit des Wortes Gottes über dir ausbeten: „Der Vater selbst hat mich lieb – Du, Abba-Gott, hast mich lieb."[68] Vielleicht hat der himmlische Vater auch einen ganz eigenen Weg für dich, damit du innerlich auf ihn ausgerichtet bleibst. Ich lade dich ein, das Buch jetzt für fünf Minuten[69] zur Seite zu legen und dich einfach kurz innerlich in die Hängematte zu legen, um dich von der Liebe Gottes bescheinen zu lassen.

„Lieber himmlischer Vater, hier bin ich, ich liebe Dich, bitte lass die Sonne Deiner Liebe jetzt auf mich scheinen ..."

---

65 Psalm 46, 11; Jesaja 30, 15; Jesaja 64, 3 („harren" – glaubensvolles, inneres ausgerichtet sein). Bildhaft Hohelied 1, 4 + Hohelied 2, 3; Psalm 131, 2; Psalm 23, 2; Psalm 127, 2
66 2. Könige 3, 15. V. 8+14 macht deutlich, dass er zwei seiner Gäste nicht leiden konnte, er also innerlich aufgewühlt war.
67 Dieses „Murmeln, leise vor sich hin sprechen" meint das Wort „Sinnen" oder „Nachdenken", das in den meisten deutschen Übersetzungen in Psalm 1, 2 steht.
68 Persönliche Zuspitzung von Johannes 16, 27
69 Normalerweise ist es intensiver, wenn du mehr Zeit einplanst. Aber fünf Minuten sind ein guter Anfang.

Kapitel 2: Sprünge in der Brille

Vielleicht fragst du dich jetzt: Also hat Gott keine Erwartung an mich, ich soll nur in der Sonne seiner Liebe schaukeln? – Das ist die Grundlage, aber auf Dauer wäre das zugegebenermaßen doch etwas unbefriedigend. Schon der Körper lehrt uns, dass es auf Dauer ungesund ist, immer nur etwas aufzunehmen. Nur Essen ohne Bewegung schadet uns. Und wusstest du, dass dein IQ schon nach 5 Tagen Nichtstun um 5 Punkte sinkt, nach 3 Wochen sogar um 20 Punkte?[70] Gott hat uns einfach so gemacht, dass wir aktiv sind. Es wäre auch gar nicht so toll, wenn dein leiblicher Vater dir nur zutraut, in der Hängematte zu liegen und seine Liebe zu tanken. Entscheidend ist, dass alles aus der richtigen Beziehung geschieht.

Abba-Gott ist ein Vater, der wirklich Wünsche und Erwartungen an uns hat. Wir sollen ihn in dieser Welt repräsentieren und er traut uns Gewaltiges zu. Jesus spiegelte das Vertrauen des himmlischen Vaters zu uns, als er zwölf gewöhnlichen Menschen den Missionsauftrag gab.[71] Diese zwölf Normalos sollten die ganze Welt mit einer dramatischen Botschaft erfüllen: Durch Jesus ist der Weg zum himmlischen Vater jetzt offen.[72] Doch Abba-Gott stellt nicht einfach Forderungen in den Raum, sondern er wird selbst Teil der Erfüllung. Er gibt uns seinen Geist, den Geist des Vaters[73], damit wir den Auftrag erfüllen können.[74] Er gibt uns gerade in brenzligen Situationen die richtigen Worte in den Mund[75]. Er fordert nicht einfach äußeres Wohlverhalten, so wie wir manchmal noch das scharfe „Benimm dich!" oder „Streng dich mehr an!" unserer Eltern im Ohr haben. Sondern er lässt vielmehr durch seinen Geist in uns immer mehr die Früchte eines reifen Charakters wachsen, beispielsweise Liebe und Freundlichkeit.[76] Und während die

---

70 Intelligenzforscher Siegfried Lehr, Focus Online, Artikel vom 03.02.2007
71 Matthäus 28, 18-20
72 Johannes 14, 6 Als der Weg zum Vater ist Jesus die fleischgewordene Einladung ans Vaterherz Gottes.
73 Johannes 15, 26
74 Apostelgeschichte 1, 8
75 Matthäus 10, 19
76 Galater 5, 22f

Der fordernde Vater

Pharisäer, die Religionsexperten zu Jesu Zeiten, schwere Forderungen auferlegten[77], lädt Jesus im Auftrag des Vaters ein:

> *„Kommt her zu mir, alle ihr Mühseligen und Beladenen! Und ich werde euch Ruhe geben."* [78]

Bei ihm sollen wir nur das leichte Joch aufnehmen[79]. Das Joch, in das er sich selbst mit eingespannt hat, um mit uns zusammen den Acker dieser Welt zu bearbeiten[80].

Manchmal waren Kinder Gottes sehr verwirrt, weil sie Gott durch die Sprünge in ihrer Brille nur als den fordernden Vater erkannt haben. Als ihnen dann nach einer Zeit des Lebens mit Gott alles zu viel wurde, haben sie sich einfach in die Ecke gesetzt und angefangen zu schmollen. Andere haben sich in ihrem Überforderungsgefühl ein Bild von einem „lieben Papa" zurechtgebastelt, der sie einfach nur in Ruhe lässt und sie dabei irgendwie lieb hat. Falls du zu einer dieser beiden Personengruppen gehörst habe ich einen wichtigen Rat für dich: Leg dich erst noch einmal ein bisschen in die Hängematte und tanke mehr von der Liebe Gottes. Das meine ich absolut ernst! Aber ich fordere dich danach auch heraus. Strecke dich nach deinem wunderbaren Abba-Gott aus, der mit dir sein Reich bauen will, der dir so unendlich viel mehr zutraut als du dir selbst. Und lade ihn ein: Papa, was wollen wir miteinander machen? Ich bin schon ganz gespannt, was Du für uns zwei vor hast. Und wenn Du mich dafür noch ein bisschen verändern willst: Ich bin bereit, denn sogar, wenn

---

77 Matthäus 23, 4
78 Matthäus 11, 28
79 Matthäus 11, 29f
80 Vgl. Lukas 9, 62

Kapitel 2

Du mich erziehen musst, wird es aus Deiner unendlich großen Vaterliebe kommen.[81]

---

81 Hebräer 12, 6-11 (Mehr dazu im Kapitel über die erziehende Liebe des himmlischen Vaters.)

Der abwesende Vater

Renate kam zu mir in die Seelsorge mit vielen Nöten, die verschiedene Bereiche ihres Lebens betrafen. Erst vor kurzem hatte sie sich für ein Leben mit Jesus geöffnet. Ihren Vater hatte sie nur ein einziges Mal in ihrem Leben gesehen. Ihre Mutter deutete im Bus auf einen Hinterkopf vor ihnen und sagte: Das da vorne, das ist dein Vater. Er war ein früherer Kollege ihrer Mutter, mit dem sie eine Affäre hatte. Renate wuchs alleine mit Mutter und zwei Schwestern auf. Ihr Familienmotto war: „Der Vater hat nie gefehlt" und oft bestätigte Renate das mit: „Mutti, wir brauchen keinen Vater". Doch heute sieht sie das ganz anders.

Es gibt viele Gründe, warum Kinder ohne Vater aufwachsen. Nach dem zweiten Weltkrieg wuchs in Deutschland fast eine ganze Generation ohne gesunde Vaterschaft heran. Ihre Väter starben entweder direkt an der Front oder erlebten Entsetzliches in den Lagern der Siegermächte. Viele von ihnen kamen wie mein Großvater zerbrochen nach Hause, ihrer väterlichen Autorität und Würde beraubt. Ihre Gefühle waren im Trauma versteinert oder sie lebten unter der Bedrückung einer Depression. Die Generation danach – die meines Vaters - sollte nun selbst Väter werden ohne ein eigenes gesundes väterliches Vorbild gehabt zu haben. Dass das fast unmöglich war, wird klar, wenn wir die Aufgabe der Väter nach Ansicht des bekannten Pädagogen und Erziehungsforschers Dr. Karl Gebauer betrachten: „Mit den Begriffen Zuwendung, Anerkennung, emotionale Achtsamkeit, Anregung, Geborgenheit, Beziehungsvorbild sind grundlegende Merkmale eines zugewandten Vaters im gesamten Entwicklungsprozess skizziert. ... In den ersten Lebensjahren besteht die Aufgabe eines Vaters vor allem darin, körperliche Nähe und ein Gefühl der Geborgenheit zu vermitteln."[82]

---

[82] Die Bedeutung des Vaters, Interview durch Peter Schipek, 18.04.2009, Quelle Internet

Kapitel 2: Sprünge in der Brille

Viele von uns lebten zwar räumlich mit ihren Vätern zusammen, konnten aber ihre Zuwendung nicht oder nur wenig erleben. Sie verhungerten innerlich am Schweigen, mangelnder Berührung und scheinbarem Desinteresse ihrer Väter.

Auch mein eigener Vater konnte mir in meiner Kindheit nur wenig Nähe schenken. Neben seiner eigenen Erfahrung mit einem schwachen Vater, den er erst als Teenager richtig kennenlernte, spielten Stress im Beruf und die Arbeit rund um Haus und Familie eine große Rolle.

Doch ich war mir in den ersten drei Jahrzehnten meines Lebens keines Mangels an Vaterschaft bewusst. Das änderte sich erst einmal auch nicht, als ich 2001 an einem einwöchigen Seminar über das Vaterherz Gottes mit Peter und Heather Jackson in Toronto teilnahm. Ich fand die Lehre gut, aber sie betraf mich nicht. Mein Vater war kein Schläger oder Trinker. Er hatte auch keine cholerischen Ausbrüche, geschweige denn hätte er uns Kinder irgendwie missbraucht. Er war auch nicht früh verstorben oder hatte sich aus dem Staub gemacht. Ganz im Gegenteil. Er hat seine Familie immer zuverlässig versorgt, im Glauben ist er mir bis heute in seiner Treue und Geradlinigkeit ein Vorbild. Er war weniger ein Mann der Worte, sondern der Taten. Und mit zunehmendem Alter ist er immer mehr ein Mann des Gebetes geworden. Ich liebe seine innere Freiheit, nicht unter das Diktat „der Leute" zu kommen. Wirklich, die Sache mit dem Sprung in der Brille und dem riesigen Vaterherzen Gottes ist echt eine wichtige Lehre - so dachte ich - aber nicht für mich! Der letzte Vortrag des Seminars war gelaufen und ein Mitarbeiter bot mir Gebet an. Er wollte beten, dass ich mehr von der Liebe des himmlischen Vaters erfüllt würde, sein Herz für mich mehr erfassen könnte usw. Ich hatte es zwar meiner Meinung nach nicht nötig, aber eines hatte ich in der Bibelschulzeit dort in Toronto schon gelernt: Wenn eine vertrauenswürdige Person dir Gebet anbietet - nimm es einfach an! Also betete der Mitarbeiter für mich und ich hatte das Gefühl, dass ich irgendwie die Nähe Gottes in diesem Gebet ein bisschen spüren konnte. Er war fertig

Der abwesende Vater

und ich beschloss, das Gebet noch ein wenig nachwirken zu lassen. Ich suchte mir ein ruhiges Plätzchen irgendwo auf dem Teppich in der Veranstaltungshalle. Was dann geschah, verstand ich selbst nicht. Aus meinem Inneren stieg ein gewaltiger Schmerz auf, von dem ich nicht die geringste Ahnung hatte. Es war schon kein Weinen mehr, es war ein tiefes Schluchzen, ein Schmerz aus den innersten Bereichen meiner Seele. In Strömen liefen mir die Tränen heiß über die Wangen. Auf dem Teppich links und rechts von meinem Gesicht bildeten sich feuchte Stellen, so groß wie Untertassen. Nach einiger Zeit kam ein Mitarbeiter und betete den Frieden Gottes über mir aus – langsam kam ich zur Ruhe. Und in meinem Herzen formte sich ein Gebet: „I love you father." – „Vater, ich liebe dich." Wieder und wieder betete ich diese wenigen Worte zu meinem Vater im Himmel. Es war das tiefste Gebet, dass ich bis zu diesem Zeitpunkt je gebetet hatte (und immerhin hatte ich schon vier Jahre Theologie studiert und war sieben Jahre Pastor einer Gemeinde gewesen). Erst später begriff ich, was dort auf dem Teppich mit mir geschehen war: Ich kam in Kontakt mit einem tiefen Schmerz über Dinge, die mir von meinem Vater in meiner Kindheit gefehlt hatten. Das bedeutet nicht, dass ich als Kind nicht auch immer wieder schöne Dinge mit ihm erlebt hatte. Wir hatten wundervolle Familienurlaube in den Bergen und ich denke gerne daran, wie unser Vater mit uns drei Jungen raufte. Es gibt ein Foto, wie wir dabei alle auf dem Boden auf Papa drauf lagen. Und sehr zum „Leidwesen" meiner Mutter versuchte unser Dackel, uns am Hosenbein des Schlafanzuges runter zu ziehen.[83] Doch trotz dieser schönen Erlebnisse hatte meinem Herzen etwas gefehlt. Ich hatte als Kind einen Mangel an väterlicher Berührung und Ermutigung empfunden. Ich hatte an seiner Begrenztheit gelitten, eine tiefe Herzensbeziehung zu mir, dem kleinen Marcus, aufzubauen. Der Schmerz über diesen Mangel an Vaterschaft war in der Gegenwart Gottes dort

---

83 Sie litt nicht wirklich. Zwar musste sie nachher die Löcher stopfen, doch sie freute sich sehr an diesem kunterbunten Gewirr aus Armen, Beinen und Fell auf ihrem Teppich.

Kapitel 2: Sprünge in der Brille

in Toronto ans Licht gekommen. Auf einmal sah ich Abba-Gott nicht mehr durch den Sprung in der Brille, der entstanden war, weil ich mit einem teilweise innerlich abwesenden Vater aufwuchs. Jetzt konnte ich die ganze Liebe und Zuneigung meines himmlischen Vaters zu mir spüren. Ich erfuhr, wie nah er mir kommt und wie sehr das meiner Seele wohl tut. Ich erlebte mit meinem ganzen Sein, dass ich zutiefst nicht mehr vaterlos war. Ich hatte auch vorher kein Problem mit Vater-Gott – er war ok, zuverlässig, man musste ihm einfach dankbar sein - aber jetzt spürte ich seine Liebe zu mir im Herzen. Endlich war ich beim Abba, bei meinem Papa im Himmel, angekommen. Deshalb quollen diese Worte geradezu aus meinem Mund: „I love you father" – „Vater, ich liebe dich." Es ist so gut, am Vaterherzen Gottes heil zu werden!

Sicher hatte ich meinem Vater irgendwann vorher schon einmal vor Gott vergeben, dass er nicht so nahbar war. Aber was hier geschah, lässt sich nicht machen. Es war einfach eine Begegnung mit Abba-Gott, die mein Herz freigesetzt hat; eine Begegnung, die bis heute Grundlage meines Lebens und Dienstes ist. Matthias Hoffmann[84], Pastor und Reisender in Sachen Vaterherz Gottes, sagt es immer wieder auf treffende Weise: „Es ist nie zu spät für eine glückliche Kindheit!" Denn dein himmlischer Papa will dein Herz und dein Leben berühren, wie es auch der beste irdische Vater nicht gekonnt hätte.

Eine besondere Freundlichkeit meines himmlischen Papas ist, dass er auch die Beziehung zu meinem irdischen Vater verändert hat. Am Ende seines Berufslebens ging mein Vater durch eine schwere Zeit. Er wurde damals in meinen Augen viel verletzlicher und nahbarer, so dass ich ihm jetzt von Herz zu Herz begegnen kann. Heute freue ich mich jedes Mal, wenn wir uns sehen. Ich liebe es, ihn von Herzen zu umarmen und von ihm genauso umarmt zu werden. Er ist mir ein geschätzter Ratgeber geworden, dem ich mich als erwachsener Mann anvertrauen kann. Gerade zu dem Zeitpunkt, als ich diese Zeilen

---

[84] Leiter von www.Vaterherz.org

geschrieben habe, erholte er sich von einer ernsten Krankheit. Auch in dieser schweren Zeit war unsere Verbundenheit zu spüren und ebenso die zu seinen zwei anderen Söhnen.

Als Abba-Gott den Sprung in meiner Brille geheilt hat, wurde nicht nur meine Beziehung zum himmlischen Vater verändert, sondern es wurde auch eine tiefe Herzensverbindung zu meinem irdischen Vater ermöglicht. Damit erfüllt sich für mich in sehr persönlicher Weise die biblische Verheißung,

dass „das Herz der Väter zu den Söhnen und das Herz der Söhne zu den Vätern umkehrt." [85]

---

85 Nach Maleachi 3, 24

Kapitel 2: Sprünge in der Brille

Mischvater

Vielleicht geht es dir wie mir, dass du durch verschiedene Erfahrungen mit deinem Vater oder sogar verschiedenen Vaterfiguren[86] geprägt wurdest. Manche Erlebnisse hinterließen einen richtigen Sprung – andere vielleicht nur einen Kratzer auf deiner Brille, mit der du versuchst, den himmlischen Vater zu erkennen. Ich könnte sogar noch einige Vatertypen hinzufügen. Sicher haben wir alle Mischväter, die nicht zu hundert Prozent in eine der Kategorien passen. Frage doch einfach Abba-Gott selbst, wie gerade dein Vater den Blick auf ihn in besonderer Weise verzerrt hat. Das hat nicht nur etwas mit deinem Vater zu tun, sondern auch mit dir. Denn noch wichtiger für unsere Sicht auf Abba-Gott als die Taten und Unterlassungen unseres Vaters ist unsere Reaktion darauf. Oft haben wir ihn innerlich verurteilt und (unbewussten) Botschaften in unserem Herzen Raum gegeben, z.B. „Ich werde Vater nie mehr vertrauen", „ich kann oder will vom Vater nicht viel erwarten", „Vater sorgt eh nicht für mich", „mein Vater interessiert sich nicht für mich", „mein Vater hasst mich". In mir war die Botschaft: „Ich kann meinem Vater nicht nahen, aber das ist auch nicht schlimm." Und genauso habe ich es auch mit Vater-Gott erlebt. Denk daran: Alle diese Verurteilungen und Botschaften sind jedes Mal in unserem Gepäck, wenn wir zu Abba-Gott gehen. Gerade jetzt ist ein guter Augenblick, kurz in einem Gebet innezuhalten:

> *„Lieber Abba-Vater, bitte zeige mir, welche Erfahrungen mit meinem leiblichen Vater ich auf Dich übertragen habe. ... Bitte vergib mir, wenn ich meinen Vater verurteilt habe und ich auch Dir unbewusst mit diesen Urteilen und Botschaften begegnet bin .... Ich löse mich*

---

86 z.B. biologischer Vater, Stiefvater, Onkel, Opa, Lehrer

Mischvater

> *von den Botschaften und falschen Vorstellungen im Namen Jesu und bitte Dich, mir Dein Vaterherz immer mehr zu zeigen*[87]"

Er lädt dich heute ein, eine tiefe und herzliche Beziehung zu ihm zu entwickeln. Dabei müssen deine Erfahrungen kein Hindernis bleiben. Es gibt einen, der den himmlischen Vater nicht nur ohne Sprünge, sondern ohne jede Brille anschaute: Das ist Jesus Christus selbst[88]. Er verkündet, wer der Vater ist. Deshalb ist es so unvergleichlich bedeutsam, was Jesus im „Gleichnis vom liebenden Vater"[89] über Abba-Gott sagt. Noch heute ruft der Geist Jesu in deinem Herz „Abba-Vater"[90], um dich immer mehr in die tiefe Beziehung und Freiheit der Söhne und Töchter Gottes zu bringen. Das alles gibt uns einen wunderbaren Vorgeschmack des Tages in der Ewigkeit, an dem auch wir den Vater ohne jede Brille sehen werden, „denn wir werden ihn sehen, wie er ist."[91]

Ich möchte den Abschnitt über unsere Sprünge in der Brille mit einer kleinen Geschichte beenden, die mir etwas vom Herz des himmlischen Vaters veranschaulicht. Vor einigen Jahren wollte ich ein Päckchen zu unseren Nachbarn bringen, das der Postbote bei uns für sie abgegeben hatte. Ich klingelte und hörte auf der anderen Seite der Tür schon den vierjährigen Timmi zur Tür springen: „Papa, Papa kommt!" Ich hatte zur üblichen Papa-Heimkommzeit geklingelt. Als Timmi die Tür öffnete, war die Enttäuschung groß – ich war definitiv nicht Papa! Vielleicht ging es dir auch schon einmal so, dass du dich in der Vorfreude auf einen Gottesdienst oder auf eine christliche Konferenz auf Abba-Gott gefreut hattest, doch dann bist

---

[87] Dieses Gebet ist ein großartiger Türöffner für deinen liebenden Vater im Himmel. Dennoch ist es erst ein Anfang und du darfst dich auf einen spannenden Weg mit Abba-Gott und evtl. seelsorgerlicher Hilfe freuen.
[88] Johannes 1, 18
[89] Lukas 15, 11ff Inhalt des Gleichnisses ist, wie sich der Vater beiden Söhnen in Liebe zuwendet.
[90] Galater 4, 6
[91] 1. Johannes 3, 2

Kapitel 2: Sprünge in der Brille

du nur Menschen begegnet. Ich blickte noch in Timmis enttäuschte Augen, als plötzlich ein Auto in die Einfahrt bog. Es war Papa! Timmi stürmte an mir vorbei, rannte zum Auto, von außen bekam er die Tür nicht auf. Immer wieder rief er voller Begeisterung: „Papa, Papa!" Die Autotür öffnete sich von innen und ich konnte die Freude und den Stolz in den Augen seines Vaters sehen. Durch alle Hindernisse hindurch war Timmi zu seinem Papa durchgedrungen.

Dieser Stolz und die Freude in den Augen meines Nachbarn sind nur ein schwaches Abbild der Freude deines Abba-Vaters im Himmel, wenn du weiter nach ihm suchst. Wenn du dich nicht vom Sprung in der Brille oder Enttäuschungen mit Menschen abbringen lässt. Er wird dir begegnen. So wie unser Nachbar seine Autotür geöffnet hat, so hat Abba-Gott sein Herz schon vor aller Zeit für dich geöffnet und sagt zu dir: „Oh, ich sehne mich so sehr, dass du mir endlich „Mein Vater" zurufen wirst." [92]

---

[92] Frei nach Jeremia 3, 19

Kapitel 3

Identität im Vater

„Ganz der Vater" – hin und wieder hört man diesen verzückten Ausruf von irgendwelchen Menschen, die ein erst wenige Stunden altes Baby betrachten. Die Übereinstimmung dieses rotblauen, verkrumpelten und ohne Zweifel wunderbaren Knäuels Leben mit der muskulären, wenn auch gerade etwas blassen Erscheinung namens Papa neben ihm war mir immer ein Rätsel. Inzwischen höre ich den Spruch häufiger an mich selber gerichtet: „Ganz der Vater." Das kann ich schon eher nachvollziehen. Wie bei meinem Vater hat sich auch meine Haarfarbe frühzeitig in ein strahlendes Grau verwandelt. Auch manche Gesichtszüge im Spiegel kommen mir von alten Fotos meines Vaters bekannt vor. Und selbst meine Art zu sprechen und Späße zu machen ähnelt der meines Vaters. Ganz der Vater – die Macht der Gene und die Jahre des gemeinsamen Lebens mit meinem leiblichen Vater haben unübersehbare Spuren hinterlassen.

Behalte das bitte im Hinterkopf, wenn du in Lukas 3, 23-28 den Stammbaum Jesu liest. Joseph war der Sohn des Eli, der der Sohn des Matthat, der der Sohn des … usw., der des Adam, der des Gottes! Das ist absolut begeisternd. Abba-Gott steht am Anfang der Ahnenreihe jedes Menschen. Ich glaube nicht, dass wir im biologischen Sinne die Gene Gottes in uns tragen, denn Gott ist Geist[93]. Aber Gott hat sich selbst zum Vorbild genommen[94] – er hatte nichts Besseres. Ein Engel wäre ihm nicht gut genug gewesen als Vorlage oder Urahne für dich und mich! Ich weiß nicht, wie stolz du auf deine Ahnenreihe bist. Viele wissen fast gar nichts über ihre Vorfahren. Auf den einen oder anderen wärest du vielleicht stolz, aber da kann es auch ein paar Gestalten geben, für die du dich schämen würdest. Doch hier ist die

---

[93] Johannes 4, 24
[94] 1. Mose 1, 27

Kapitel 3

gute Nachricht: Abba-Gott hat an sich selbst Maß genommen, damit du „ganz der Papa" werden kannst. Du bist ein menschlicher Geist, der Verbindung mit dem Geist Gottes aufnehmen kann[95]. Durch den einzigartigen Sohn Jesus in deinem Leben wirst du deinem himmlischen Vater immer ähnlicher. Wenn du Jesus in Liebe und Anbetung anschaust, geschieht in dir ein innerer Verwandlungsprozess – du wirst immer mehr wie Jesus[96]. Weil Jesus aber das vollkommene Abbild von Abba-Gott ist, bedeutet das in der logischen Folge, dass du auch dem himmlischen Vater immer ähnlicher wirst. Kurz gesagt: Du bist dazu gemacht, ganz wie der Vater zu werden. Oder eben: „Ganz der Papa!" Durch Jesus hast du die geistliche DNS[97] deines himmlischen Vaters bekommen, die dich befähigt immer mehr wie er zu sein:

> *„Seid nun barmherzig, wie auch euer Vater barmherzig ist."*[98]

In jedem Menschen stecken sehr grundlegende Fragen: Wo komme ich her? Wer bin ich eigentlich? Wozu bin ich gemacht? Es sind die Fragen nach deiner Identität. Schon im Mutterleib stellt sich unser Geist die Fragen: Wie werde ich in dieser Welt empfangen? Ist es gut, dass ich hier bin? Bin ich willkommen? Bin ich richtig? Bin ich eine Freude oder bin ich eine Last? Wenn deine Mama und dein Papa glücklich über Mamas dicken Bauch gestreichelt haben, gaben sie dir auf der menschlichen Ebene schon eine erste gute Antwort. Wenn du als Baby nach der Geburt angelacht wurdest, die warme Haut deiner Eltern gespürt hast und über dir gesungen wurde, bekamst du weitere segensvolle Botschaften für deine Identität. Vielleicht hast du aber während der Zeit im Mutterleib und den ersten Lebensmonaten

---

[95] Römer 8, 16
[96] 2. Korinther 3, 18
[97] Desoxyribonukleinsäure, Träger der Erbinformation
[98] Lukas 6, 36

Identität im Vater

ganz andere Antworten in deinem Geist empfangen. Da war massive Ablehnung, man nannte dich einen „Verkehrsunfall" oder du wurdest in der stressigen Lebensphase von Hausbau oder Karrierestart empfangen. In deinem Inneren hast du auf diese Gefühle und Botschaften deiner Eltern reagiert und hast bis heute oft den Eindruck, keinen Platz in der Welt zu haben oder eine Last zu sein. Später kamen andere Fragen dazu: Wohin gehöre ich? Zu wem gehöre ich? Wie kann ich die Welt gestalten? In welchen Bereichen bin ich genau wie die anderen, habe die gleichen Gene, Werte und Veranlagungen – bin identisch mit ihnen? Und in welchen Teilgebieten meines Lebens bin ich ganz anders – eben individuell, einmalig? Sowohl die mit anderen identischen Teile deiner Persönlichkeit als auch die ganz individuellen sind Teil deiner Identität. Sie hat sich in den Bereichen gut entwickelt, in denen du eine Antwort auf deine inneren Fragen bekommen hast. Das geschah durch Worte der Ermutigung oder hilfreiche Korrektur, aber auch durch Taten und Unterlassungen. Wenn dir bei Tisch zugehört wurde, weißt du auch später, dass du etwas zu sagen hast. Wenn du dagegen deine Gedanken und Ideen angemeldet hast, aber nur zu hören bekamst: „Rede nicht so dummes Zeug. Sei still, wenn die Erwachsenen sprechen!", dann hast du auch etwas über deine Identität gelernt; nämlich, dass du (angeblich!) dumm bist und es nicht zählt, was du sagst. Diese Lüge wird erst einmal in deine Identität eingebaut. Wie gut, dass die Liebe und Wertschätzung deines Abba-Gottes so viel größer ist und dein Herz heilen möchte.

Der Herzschlag deines himmlischen Vaters war es von Anfang an, dass deine Identität in einer ganz gesunden Weise aufgebaut wird. Dabei hat er seinen irdischen Repräsentanten, unseren Vätern, eine besondere Rolle zugedacht. Sie sind diejenigen, die ihre Kinder „in der Zucht und Ermahnung des Herrn"[99] erziehen sollen. Da dieser Vers manchmal missverstanden oder sogar missbraucht wurde, möchte ich ihn mit dir zusammen etwas genauer anschauen. Das Wort „Zucht"

---
[99] Epheser 6, 4

Kapitel 3

hat in keiner Weise etwas mit der Rute eines prügelnden Vaters zu tun, sondern bedeutet „Erziehung" oder „Bildung". Im griechischen Grundtext des Neuen Testamentes steht hier ein Begriff, der wörtlich mit „mit dem Kind zusammen sein" wiedergeben werden kann. Es geht also um die Zeit, die der Vater mit dem Kind verbringt, um ihm Dinge beizubringen[100]. Das Wort „Ermahnung" setzt sich im Grundtext aus den Begriffen für „Sinn, Verstand" und „setzen, stellen, legen"[101] zusammen. Demzufolge ist es die Aufgabe der Väter, den Sinn und Verstand ihrer Kinder am Wesen Jesu auszurichten, damit sie im umfassenden Sinn heile und gesunde Personen werden. Ein bedrohlicher oder abwesender Vater kann das nicht leisten. Deshalb ist es Teil der verheißenen Wiederherstellung der letzten Tage[102], dass

> *Gott das „Herz der Väter zu ihren Söhnen (und Töchtern) und das Herz der Söhne (und Töchter) zu ihren Vätern umkehren lassen" wird.*[103]

John und Paula Sandford, zwei Pioniere im Bereich der inneren Heilung, schreiben zu dieser Bibelstelle „… die Botschaft richtet sich ganz klar an die Väter: Man erwartet von ihnen, dass sie, was Zuspruch, Kräftigung und Förderung innerhalb der Familie betrifft, die Führungsrolle übernehmen. Gott möchte, dass in erster Linie die Väter den Geist ihrer Kinder zur Lebenstüchtigkeit unterweisen."[104] Wie ich bereits geschrieben habe, war mein Vater in meiner Kindheit

---

100 Griechisch: *paideia* – Erziehung, Bildung, Zucht. Abgeleitet von pais – Kind, Knabe. Das Verb paideuo „heißt demnach wörtlich: sich mit einem Kind zusammen befinden". Begriffslexikon zum Neuen Testament, Begriff „Erziehung"
101 Griechisch: *nouthesia* – Ermahnung. Zusammengesetzt aus nous – Sinn, Verstand, Vernunft und tithämi – setzen, stellen, legen. Nach Begriffslexikon zum Neuen Testament, Begriff „Ermahnen"
102 Vgl. Matthäus 17, 11 „Elia kommt zwar und wird alle Dinge wiederherstellen".
103 Maleachi 3, 24. In V. 23 wird das Kommen Elias angekündigt. Ergänzung durch den Autor.
104 Weckt den schlummernden Geist, John und Paula Sandford, S. 41

Identität im Vater

oft emotional abwesend. Allerdings kann ich mich an eine Begebenheit erinnern, in der er meine gottgewollte Identität als Mann stärkte. Wenn ich das jetzt erzähle ist es auch ein Zeugnis dafür, wie Gott durch unsere Väter oder oft auch durch Ersatzväter wie Opas, Onkel, Lehrer oder Jugendleiter unsere Identität zum Guten aufbaut, auch wenn es an anderen Stellen Mangel oder Verletzung gab. Abba-Gott ist einfach wild entschlossen uns zu segnen, auch wenn unsere Väter Begrenzungen hatten. Ich erinnere mich daran, dass meine Eltern und ich uns im Wohnzimmer aufhielten. Ich war damals noch ziemlich jung, saß auf dem Boden und betrachtete interessiert den Heizkörper. Während meine Eltern sich unterhielten hatten sie keine Ahnung, dass der kleine Marcus seine Ohren voll auf Empfang gestellt hatte. Sie sprachen darüber, dass einer meiner älteren Brüder zelten gehen wollte. Meine Mutter war dagegen: Zu gefährlich, zu kalt und überhaupt.... Alle ihre mütterlichen Schutzinstinkte waren voll aktiviert. Aber mein Vater sah das anders: „Jungen müssen das wagen." Aus diesen vier Worten habe ich Identität empfangen: Als Junge und Mann kann und muss ich etwas wagen. Seine Äußerung spiegelte etwas von der grundlegenden Rolle wider, mit der Väter ihre Kinder in die Identität freisetzen, egal ob Mädchen oder Junge. Sie glauben an sie und trauen ihnen etwas zu.

Denke doch gerade jetzt kurz darüber nach: Wo hat dein Vater oder ein Ersatzvater (manchmal müssen auch Mütter so gut sie können in diese Rolle hineinschlüpfen) an dich geglaubt? Wo hat er deine Stärken und deine Einmaligkeit erkannt und geehrt? Wie hat er das durch Worte oder Taten deutlich gemacht? Danke Gott dafür! Er ist der Abba-Vater, der dich durch diese Person in deiner Identität gestärkt hat.

Kapitel 3

Vielleicht macht dich dieses Nachdenken aber auch ein bisschen traurig darüber, dass dir so wenig einfällt. Ich denke an Frauke. Sie hatte schon einen Burn-out hinter sich, und auch danach lebte sie ständig am Rande ihrer Kräfte. Immer wieder stellte sich in unseren Gesprächen für Frauke die Frage: Wer bin ich eigentlich? Frauke ist eine intelligente und attraktive Frau, fühlte sich aber vom Beruf oft überfordert und auch in der Partnerfrage klemmte es irgendwie. Als wir auf ihren Vater zu sprechen kamen, erwähnte sie einen Satz, den er direkt zu ihr gesagt hatte: „Du bist nicht wichtig, du bist gar nichts." Als ich diese Worte in der Seelsorge hörte, empfand ich sie wie einen Stich ins Herz. Der Vater hatte sich einen Sohn gewünscht, Frauen nahm er generell nicht für voll. Diese Haltung ihres Vaters hatte Frauke eine tiefe Botschaft über ihre Identität vermittelt. Und weil sie in ihrem eigenen Denken nicht wichtig war, gelang es ihr oft nicht, ihre Bedürfnisse und die der anderen in die richtige Balance zu bringen. Das begünstigte dann die Erschöpfung und schließlich den Burn-out. Bei mir war es gerade umgekehrt. Nach zwei Jungen hatten meine Eltern sich gewünscht, endlich ein Mädchen zu bekommen. Sie hatten sich auch schon einen passenden Namen für „die Kleine" ausgesucht. Bei der Geburt wurde es dann aber offensichtlich, dass ich ein Knabe war und bekam den Namen Marcus. Doch irgendwie hing mir die Erwartung, ein Mädchen werden zu sollen, an. Das zeigte sich daran, dass mein geliebter Großvater mich über viele Jahre hinweg im Spaß immer wieder „Marculine" nannte. Sogar noch auf dem Gymnasium nahm mich ein Lehrer bei einem Quiz Mädchen gegen Jungen dran, als die Mädchen die Antwort geben sollten. Ich hatte ein Stück weit eine feminine Identität angenommen und strahlte sie nach außen aus. Weder meine Eltern noch Fraukes Vater wollten unsere Identität untergraben, doch wegen ihrer Erwartungen und Wünsche konnten sie uns nur eine unzureichende oder verzerrte Antwort auf die Frage geben, wer wir sind.

Identität im Vater

Abba-Gott schenkte mir viele Jahrzehnte später im Bereich meiner männlichen Identität ein Zeichen der Wiederherstellung. Ich war inzwischen über dreißig Jahre alt, verheiratet und hatte ein eigenes Haus mit Kamin. Beim Förster hatte ich einen Kubikmeter Holz gekauft und stand nun vor der Aufgabe es zu sägen und zu spalten, was leider völlig außerhalb meines Erfahrungshorizontes lag! Mein Vater ist zwar ein begnadeter Handwerker, zeigte uns Jungen aber in der Kindheit recht wenig, sondern machte die Arbeit lieber selbst. Doch jetzt kam er zu Besuch und brachte seine Kettensäge mit. Obwohl mein Vater inzwischen schon stolze 70 Jahre alt war, brachte er mir bei, wie man aus Meterstücken schönes Kaminholz macht. Ich genoss diese gemeinsame Männerarbeit zusammen mit ihm mit allen Sinnen, inklusive viel Schweiß und Rückenschmerzen. Nur eine Sache kratzte etwas an meinem Hochgefühl: Trotz seines hohen Alters war er immer noch schneller beim Holzhacken als ich! Tja, mein Papa weiß halt, wie es geht! Das gilt übrigens auch für unseren himmlischen Vater. Wir dürfen mit ihm zusammen an seinem Reich arbeiten[105] und er liebt es, dabei unsere Identität aufzubauen.

Die richtige Adresse für deine Identität

Ich bin überzeugt, dass wir alle einen Mangel an gesunder Identität haben. Unsere Väter konnten uns nicht geben, was wir brauchten. Viele von ihnen hatten wiederum selbst einen innerlich verletzten Vater. Wie sollten sie weitergeben, was sie nicht empfangen hatten? Wir spüren diesen Mangel in uns und versuchen ihn irgendwie auszugleichen. Die Werbung macht aus diesem Mangel an Identität ein Geschäft. Sie verspricht, du musst nur mit dieser Kochmischung kochen, und schon bist du die strahlende, von allen geliebte Supermami. Oder neble

---

105 Dieses „mit ihm" arbeiten darf nicht durch das „für ihn" arbeiten ersetzt werden. Dazu mehr im Kapitel über Papas Party.

Kapitel 3: Identität im Vater

dich einfach mit diesem Bodyspray ein, und im Handumdrehen bist du so cool und begehrt wie der Typ im Werbeclip. Diese Versprechen von Identität halten nicht, denn auch der Einsatz der Kochmischung verändert nicht die nörgelige Ader deiner Kinder oder löst die Mehrfachbelastung von Job und Familie auf, die dich manchmal wie einen Halbzombie durchs Leben wanken lässt. Selbst die um dich her wabernde Duftwolke des Bodysprays der Marke „Exxxtracool" macht dich nicht zum Superman, sondern löst eher Kopfschmerzen oder tränende Augen bei den Menschen in deiner näheren Umgebung aus. Ab und zu bleibe ich beim Zappen am Fernseher bei diversen Castingshows hängen. Wenn du nur hübsch, exzentrisch oder sympathisch genug bist und auch noch singen kannst, dann kannst du in diesen Sendungen „jemand" sein. Du bekommst dort eine Identität verliehen – es gibt sogar eine Jury, die dir sagt, wer du bist. Doch leider werden in diesen Shows meist nur Abziehbilder echter Identität gezeigt, weit von dem entfernt, was dein himmlischer Vater in dich hinein gelegt hat. Vielleicht hast du deine Informationen über Identität aber nicht primär aus dem Fernseher, sondern du hast sie in einer christlichen Gemeinde erhalten. Die sollte der beste Ort sein, um zu lernen, wer wir sind. Doch leider haben viele von uns hier etwas völlig Falsches gelernt: Identität bekommst du, wenn du immer lieb, brav und fleißig bist. „Das ist unsere Marta, sie ist ja so treu und fleißig. Immer, wenn man sie braucht, ist sie da. Sie ist ja so eine hingegebene Dienerin Gottes." Achtung, hier wird zwar Identität vermittelt, aber nicht die, die dein Abba-Gott für dich vorgesehen hat. Früher oder später wirst du merken, dass diese falsche Jagd nach Identität dich auslaugt. Ich selbst kenne Zeiten, in denen ich zutiefst frustriert war: Mein Pastor hatte offensichtlich meine Gaben und meine Hingabe nicht erkannt und andere vorgezogen – so dachte ich. Spannend, dass ich dasselbe auch im Blick auf meinen Vater dachte, der in meinen Augen meine Brüder vorgezogen hatte. Jahre später erst merkte ich, dass ich mit meiner Einschätzung völlig falsch lag – bei meinem Vater und bei

Die richtige Adresse für deine Identität

meinem Pastor. Auf meiner Suche nach Identität hatte ich mich an die falsche Adresse gewandt. Ein erheblicher Teil meiner Aktivität in der Gemeinde war letztlich getrieben von der Furcht, nicht gesehen und anerkannt zu werden. Ich meinte die Anerkennung zu brauchen, um zu wissen, wofür ich gemacht wurde und wer ich bin. Paulus spricht in der Bibel sehr deutlich von dieser Furcht:

> *„Denn ihr habt nicht einen Geist der Knechtschaft empfangen, wieder zur Furcht, sondern einen Geist der Sohnschaft habt ihr empfangen, in dem wir rufen: Abba, Vater!"* [106]

Die Furcht macht uns zu Knechten, die ständig ackern, um die (vermeintlichen) Erwartungen von Gott und Menschen zu erfüllen. Doch Knechte kommen nie zur Ruhe; nie wissen sie, wann sie genug getan haben. Im Gegensatz dazu sind wir aber dazu geschaffen, Söhne und Töchter zu sein. Du darfst zu Gott „Abba, lieber Papa" sagen und dabei wissen, wer du bist: Du bist das geliebte Kind Gottes, dessen Ruheplatz auf dem Schoß deines himmlischen Vaters jederzeit frei ist. Falls du dich jetzt fragst, ob das nicht irgendwann langweilig wird auf dem Schoß des Vaters, habe ich eine gute Nachricht für dich: Beim Vater gibt es Ruhe, aber es gibt genauso Aktivität. Schon bei der Schöpfung hat Abba-Gott einen Wechsel von Ruhe und Aktivität festgelegt und uns den Auftrag gegeben, die Welt aktiv zu gestalten[107]. Mit dem Vater zusammen Dinge zu tun ist genauso Teil deiner Identität als Sohn oder Tochter, wie bei ihm zu ruhen. Er lädt uns ein, mit ihm genau die Werke zu tun, die er für uns schon vorbereitet hat.[108]

Wenn wir erkennen wollen, was Abba-Gott zusammen mit uns tun möchte, müssen wir uns immer wieder Zeit nehmen, ihm zuzuhören.

---
106 Römer 8, 15
107 Ruhe: 1. Mose 1, 16 und 1. Mose 2, 3; Aktivität: 1. Mose 1, 28
108 Vgl. Epheser 2, 10

Kapitel 3: Identität im Vater

Mir hilft es, wenn ich dazu meinen vier Wänden entkomme, damit der Kopf klar und das Herz frei wird. So machte ich vor einiger Zeit einen Gebetsspaziergang und setzte mich schließlich auf einen sonnenbeschienen Felsen im lichten Herbstwald. Mir ging ein Gespräch nach, das ich mit einem Mann aus der Gemeinde geführt hatte. Er arbeitete zu diesem Zeitpunkt in Frankfurt und hatte 200 Leute unter sich. Damit meinte dieser Mann nicht, dass er Hochhausdächer reparierte oder Schornsteinfeger war, sondern als Manager war er für diese 200 Menschen weisungsbefugt. Ich muss zugeben, ich war ziemlich beeindruckt. Damals brachte ich den größten Teil meiner Arbeitszeit als Pförtner zu. Der Einzige, den ich unter mir hatte, war der Stuhl, auf dem ich saß. Dort auf meinem Gebetsfelsen dachte ich so darüber nach, dass es in der christlichen Gemeinde oft ganz ähnlich ist wie in einer Firma. Nur wenn du ein wichtiger Leiter bist und viele Leute unter dir hast, dann kannst du wirklich wissen, wer du bist. Doch plötzlich fing Abba-Gott an, in großer Klarheit in mein Herz hineinzusprechen. Er sprach zu mir über meine Identität: „Marcus, es ist nicht entscheidend, wie viele Menschen du unter dir hast, sondern wie viele Leben du in einer positiven Weise berührst." Dort auf meinem Gebetsfelsen erinnerte mich der Heilige Geist an verschiedene Menschen, die mir darin ein Vorbild sind. Ich dachte an einen befreundeten Sozialarbeiter, der alte Menschen in großer Not beriet und dort bewusst als Christ ein Licht der Hoffnung war. Auch eine Kassiererin im Discounter kam mir in den Sinn, die mich mit ihrer Fröhlichkeit und Leidenschaft für ihren Job jedes Mal inspirierte, wenn ich dort einkaufte.

Als Söhne und Töchter können wir unsere Identität nicht dadurch aufbauen, dass möglichst viele Leute *unter* uns sind.

> *„…wer unter euch groß werden will, soll euer Diener sein"*[109] *hat Jesus gesagt.*

[109] Markus 10, 43

Die richtige Adresse für deine Identität

Wenn wir unter uns schauen, um unsere Identität zu finden, werden wir entweder stolz oder depressiv. Doch der Vater im Himmel lädt uns ein, nach oben zu schauen, direkt in seine liebenden Augen.

Kurz vor seiner Kreuzigung wurde Jesus als Rabbi[110], Wundertäter und zukünftiger König[111] verehrt. Doch die Bewunderung war nicht der Ort, aus dem er seine Identität und damit die innere Stärke für den vor ihn liegenden Weg zog. Das wird im Bericht vom letzten Abendmahl deutlich:

> *„Dies redete Jesus und hob seine Augen auf zum Himmel und sprach: Vater, die Stunde ist gekommen. Verherrliche deinen Sohn, damit der Sohn dich verherrliche"* [112].

---

110 Der jüdische Begriff für einen Bibellehrer, der Schüler um sich gesammelt hatte.
111 Johannes 12, 13
112 Johannes 17, 1 Hervorhebungen durch den Autor

Kapitel 3: Identität im Vater

Jesus wusste, dass all die „Hosanna" rufenden Fans und selbst die treusten Jünger ihn bald verlassen würden[113]. Aber er kannte den Ort, an den er gehen musste, um innerlich fest zu werden: Seine Identität war im Vater. Selbst in der schrecklichsten Erfahrung von unglaublichen körperlichen Schmerzen und gefühlter Gottverlassenheit[114] blieb er zu 100% Sohn. Das zeigt sich in Jesu allerletzten Worten am Kreuz:

> *„Vater, in deine Hände übergebe ich meinen Geist!"*[115]

Seine innere Gewissheit, der Sohn beim Vater zu sein, war größer als alle körperlichen, seelischen und geistigen Leiden. Dieses Vorbild Jesu ist durch nichts zu übertreffen. Seine ganze Identität ruhte völlig im Vater. Was er ganz am Anfang seines Dienstes vom Vater gehört hatte, trug ihn bis zu seinem allerletzten Atemzug am Kreuz.

Teilhaber der Identität Jesu im Vater

> *„Du bist mein geliebter Sohn, an dir habe ich Wohlgefallen gefunden."*[116]

Wenn du Jesus gewesen wärst und einen Dienst mit übernatürlichen Heilungen, Befreiung von dunklen Mächten und kraftvollen Predigten aufbauen wolltest – wie hättest du dein erstes öffentliches Auftreten angekündigt? Welchen Ort hättest du im damaligen Israel gewählt

---

113 Johannes 16, 32
114 Matthäus 27, 46 „Mein Gott, mein Gott, warum hast du mich verlassen?" Das war der ehrliche Herzensschrei Jesu, der aber das „Gott war in Christus und versöhnte die Welt" von 2. Korinther 5, 19 nicht aufhebt.
115 Lukas 23, 46 Hervorhebung durch den Autor
116 Lukas 3, 22b

Teilhaber der Identität Jesu im Vater

und wie hätte dein Programm ausgesehen? Obwohl Jesus wusste, was in ihm steckte und wer er war, trat er nicht mit einem spektakulären Wunder an einem belebten Platz mitten in Jerusalem an die Öffentlichkeit. Seine erste Amtshandlung war sehr demütig und unauffällig: Mitten im damaligen Nirgendwo, am Ufer des Flusses Jordan, stellt er sich in einer Schlange von Wartenden an. Johannes, der Cousin Jesu, hatte sich diesen sonst menschenverlassenen Platz ausgesucht, um alle zu taufen, die Gott gehorsam sein wollten und Vergebung ihrer Sünden suchten[117]. Schließlich kommt auch Jesus an die Reihe. Wie jeder andere lässt er sich von Johannes völlig untertauchen. Damit stellt er sich freiwillig unter die Schuld der Menschen. Jesus nimmt hier zeichenhaft seinen Tod vorweg, der in der Taufe versinnbildlicht wird[118]. Was äußerlich gesehen so gewöhnlich angefangen hat wird jetzt zu einem Ereignis, dass die unsichtbare und sichtbare Dimension bewegt: Als Jesus aus dem Wasser auftaucht und betet, öffnet sich der Himmel. Wie eine Taube kommt der Heilige Geist auf Jesus herab und vom Himmel her erklingt die gewaltige Stimme Gottes, des Vaters: „Du bist mein geliebter Sohn"![119]

Liebe Leserin und lieber Leser, ich möchte dich an die grundlegende Frage nach der Identität erinnern: Wer bin ich eigentlich? Diese Schlüsselfrage jedes Menschenlebens wird Jesus direkt aus dem Himmel vom Vater höchstpersönlich beantwortet: „Du bist mein geliebter Sohn, an dir habe ich Wohlgefallen gefunden." Der griechische Begriff für „Wohlgefallen" an dieser Stelle im Neuen Testament schließt das umfassende „Ja" zu einer Person ein und lässt den Akzent einer lebendigen Freude mitschwingen[120]. Beneidest du Jesus jetzt ein bisschen? So in dem Sinne: Vom Himmel her hätte ich es auch gerne gehört. Aber naja, Jesus ist halt Jesus. Was ihm gilt,

---

117 Markus 1, 4
118 Vgl. Römer 6, 3+4
119 Lukas 3, 21-22a
120 Vgl. Begriffslexikon zum Neuen Testament, Begriff „Wohlgefallen". Besonders die Verwendung des Begriffs in der Septuaginta, dem griechischen Alten Testament, das in der Zeit Jesu gelesen wurde, fließt in diese Akzentuierung ein.

Kapitel 3: Identität im Vater

dass gilt mir noch lange nicht. Doch falls du so denkst, täuschst du dich – Gott sei Dank! Denn Jesus lässt dich und mich teilhaben an seiner Stellung als Sohn. Damit du mir diese ungeheure Tatsache glaubst, möchte ich sie anhand von drei Schlüsselwahrheiten aus dem Neuen Testament kurz belegen.

Wahrheit 1: Der Geist Christi lebt in dir

> *Galater 4, 6: „Weil ihr aber Söhne seid, sandte Gott den Geist seines Sohnes in unsere Herzen, der da ruft: Abba, Vater!"*

In dir lebt der Geist Jesu Christi. Es ist der Geist, der dich an der Sohnschaft Jesu teilhaben lässt. Wenn der Vater im Himmel dich ansieht, hört er die Stimme des Geistes seines Sohnes Jesus „Abba" aus dir rufen. Ist das nicht super genial!

Wahrheit 2: Du bist *in* Christus

> *2. Korinther 5, 17: „Daher, wenn jemand in Christus ist, so ist er eine neue Schöpfung; das Alte ist vergangen, siehe, Neues ist geworden."*

„In Christus"[121] ist unsere Position, wenn wir ein Kind Gottes geworden sind. Das bedeutet, dass wir „in" dem vollkommen, geliebten Sohn Gottes sind. In dieser Position gilt auch für dich und mich: Geliebter Sohn, geliebte Tochter, die Gunst und Freude Gottes ist auf unserem Leben. In Jesus Christus haben wir Teil an seiner Identität und uns gilt der Zuspruch des Wohlgefallens Gottes.

---

121 Weitere Stellen zu unserer Position in Christus: Römer 8, 1; 1. Korinther 1, 30; Galater 3, 26

Wahrheit 3: Der Sohn Gottes lebt in dir und bewirkt eine Neugeburt.

> *Johannes 1, 12: „…so viele ihn (Jesus) aber aufnahmen, denen gab er das Recht, Kinder Gottes zu werden, denen, die an seinen Namen glauben."*[122]

Nicht irgendein „Herr", sondern der einzigartige Sohn Gottes lebt in dir. Er ist der Sohn, dem damals am Jordan der Zuspruch aus dem Himmel ganz direkt galt. Als du Jesus in dein Leben aufnahmst, wurde dir nicht nur feierlich eine Adoptionsurkunde von Vater-Gott überreicht – das wäre ja schon eine unvergleichliche Ehre - sondern du wurdest regelrecht als Sohn oder Tochter neu geboren! Ich gebe zu, das ist nicht einfach zu begreifen. Einmal kam nachts ein wirklich kluger Kopf zu Jesus, sein Name war Nikodemus. Obwohl er lange mit Jesus sprach, hatte sein Intellekt größte Mühe, das Geheimnis der Neugeburt zu erfassen.[123] Diese Wahrheit ist schwer mit dem Verstand zu verstehen, aber du kannst sie in deinem Herzen begreifen. Durch die Neugeburt und Jesus in dir bist du ganz real Sohn oder Tochter des himmlischen Vaters. Aus diesem Grund liegt sein Wohlgefallen auf deinem Leben, genau so, wie es auch auf Jesus lag!

Ich schließe dieses kleine Bibelstudium mit einer Schriftstelle, mit der Abba-Gott mir einmal sehr persönlich die Teilhabe an der Sohnschaft Jesu und damit meine Identität als Kind seines Wohlgefallens zugesprochen hat. An einem Morgen suchte ich in einer Gebetszeit das Herz des Vaters. Mein schlichter Wunsch war, einfach einen Moment in seiner Gegenwart sein. Ich konnte die Nähe Abba-Gottes

---

122 Ergänzung von (Jesus) durch den Autor
123 Johannes 3, 1-16

Kapitel 3

spüren, als mir plötzlich ein Vers in den Sinn kam, der davon spricht, dass Jesus in mir lebt:

> *„und nicht mehr lebe ich, sondern Christus lebt in mir."* [124]

In diesem Moment empfing ich eine tiefe, innere Erkenntnis über mich selbst und Jesus: „Jesus lebt in mir und er steht gleichzeitig als der einzigartige Sohn vor dem himmlischen Vater. Weil Jesus in mir steht, kann auch ich vor Vater-Gott stehen." Ich erlebte stark, wie ich durch diese Offenbarung innerlich aufgerichtet wurde. Die Identität zu spüren, Teilhaber der Sohnschaft Jesu zu sein, verlieh mir eine ungeahnte Autorität und Würde.

Der himmlische Vater sehnt sich danach, dass du deine Stellung als Sohn und Tochter seines Wohlgefallens voll annimmst. Wenn du deine Identität auf diese Position bauen möchtest, kannst du ihm das einfach mit den Worten des folgenden Gebets sagen:

> *„Lieber himmlischer Vater, ich entscheide mich Dir zu glauben, dass ich durch Jesus ganz real Deine geliebte Tochter / Dein geliebter Sohn bin. Du hast Wohlgefallen an mir, ich bin wirklich Deine Freude und Dein Stolz, darauf will ich meine ganze Identität bauen. Abba-Vater, ich nehme Deine Zusage jetzt in mein Herz. Es sind Worte, die mir persönlich gelten, weil ich in Jesus bin und damit Teilhaber seiner Position als Sohn. Himmlischer Vater, ich will Deine Zusage jeden Tag neu in meinem Herz hören: ‚Du ………(deinen Namen einsetzen) bist mein geliebter Sohn / meine geliebte Tochter, an Dir habe ich Wohlgefallen gefunden.' Danke für das wunderbare Geschenk, mich jeden Tag neu in Deinem Wohlgefallen baden zu dürfen.*

---

[124] Galater 2, 20a

Identität im Vater

> *Ich nehme Deinen Zuspruch an: Ich bin wirklich Dein geliebter Sohn, Deine geliebte Tochter, an (dem)der Du Wohlgefallen hast."*

Wenn du möchtest, kannst du diesen letzten Satz noch einige Male mit geschlossenen Augen über dir selbst halblaut ausbeten. Das wird dir helfen, diese identitätsgebende Wahrheit noch besser in deiner Seele zu verankern.

Die Identität als Sohn oder Tochter macht innerlich fest

Ich weiß nicht, wie es Jesus nach der Taufe ging. Mit seinen Ohren hatte er den wunderbaren Zuspruch aus dem Himmel gehört. Der Heilige Geist war wie eine Taube sichtbar auf ihn gekommen. Ich könnte mir vorstellen, dass Jesus jetzt bereit war, voll durchzustarten. Doch der Vater nimmt ihn noch einmal zur Seite. Der Heilige Geist selbst führt Jesus 40 Tage in die Wüste[125]. Dort soll sich seine Identität bewähren und festigen. Ich bin sehr froh über diesen Bericht, denn er zeigt mir die Realität des Lebens. Wenn die Liebe von Abba-Gott dein Herz erreicht wird es mit Freude und Frieden erfüllt wie durch nichts anderes. Aber der Zuspruch der Sohnschaft ist nicht dafür da, dass wir ab jetzt nur noch auf einer rosa Wolke süßer religiöser Gefühle verklärt lächelnd umher schweben. Wie ein irdischer Vater seine Kinder stark machen möchte, so macht uns die Identität als Sohn und Tochter fest, damit wir den Versuchungen und Tricks des Teufels widerstehen können. Solange wir innerlich wie ein Waisenkind sind – also unsere Stellung als Sohn oder Tochter nicht kennen - suchen wir immer von Menschen oder Umständen die Antwort auf die Fragen: Bin ich wertvoll? Wird jemand für mich sorgen? Bin ich geliebt? Habe ich einen Platz im Leben? Der Teufel liebt es, seine verdrehten Antworten dann in unser Herz zu geben. Er ist ja auch

---

125 Matthäus 4, 1

Kapitel 3: Identität im Vater

ein Vater, aber der Vater der Lüge[126]. Von Jesus können wir lernen, wie er aus seiner Identität als Sohn den falschen Antworten des Feindes begegnen konnte. Jesus fastete in der Wüste, weil er ganz auf den himmlischen Vater ausgerichtet sein wollte. Mit der Zeit meldete sein Körper sehr deutlich ein Bedürfnis an: Hunger![127] Damit begann das große Finale, nachdem der Teufel ihn schon 40 Tage am Stück durch die Mangel gedreht hatte[128]. Der himmlische Vater hat das erlaubt, obwohl er doch direkt vorher gesagt hatte, dass er Wohlgefallen an ihm gefunden hat. Geht es dir auch manchmal so, dass du das im Kopf nicht zusammen bekommst? Am Anfang meiner Tätigkeit als freischaffender Seelsorger und Referent war das Geld am Monatsende oft reichlich knapp. Da kamen Fragen im Herzen hoch: Himmlischer Vater, ich bin nicht zuletzt deshalb in diesen Dienst gegangen, weil ich dich als liebenden Vater vorstellen will. Aber statt tiefem Frieden als Sohn habe ich jetzt den ganzen Stress auf der Seele, wie ich meine Finanzen in einem gesunden Gleichgewicht halte. Wie soll das denn passen? Vielleicht sind dir auch schon einmal solch „unheilige" Gedanken in einer Wüstenzeit gekommen. Es war die Stimme meines inneren Waisenkindes, das noch nicht ganz von der Vaterschaft Gottes verändert war und das sich zugegebenermaßen bis heute manchmal meldet. Wenn ich heute auf diese Zeit zurückblicke, weiß ich, dass der himmlische Vater mir auch in den finanziellen Engpässen seine Liebe zeigen wollte. Er erzieht einen jeden Sohn, den er liebt[129]. Offenbar gab es hier ein Paar Lektionen in Sachen Vertrauen, die ich lernen sollte. Aber ich möchte ehrlich bleiben: Ich behaupte nicht, dass diese Art des Lernens Spaß macht.

Gehen wir zurück zu dem Bericht von Jesus in der Wüste: Er hatte Hunger und schon eine lange Zeit der Versuchung hinter sich. Ich

---

126 Johannes 8, 44
127 Matthäus 4, 2
128 Markus 1, 13
129 Hebräer 12, 5+6

Die Identität als Sohn oder Tochter macht innerlich fest

glaube, dass der Teufel dachte: Jetzt ist er so geschwächt, dass ich ihn aus seiner Identität als Sohn werfen kann.

> *„Und der Versucher trat zu ihm hin und sprach: Wenn du Gottes Sohn bist, so sprich, dass diese Steine Brote werden!"*[130]

Die Art der Fragestellung ist ein Frontalangriff auf die Identität als Sohn Gottes. Ich kann mir vorstellen, was ein inneres Waisenkind in dieser Situation geantwortet hätte: „Ja wirklich, ich habe Hunger, da gibt es nichts schön zu reden. Wie konnte Gott mich 40 Tage zum Fasten in diese Wüste schicken. Das ist wirklich zu viel verlangt, ich halte es nicht mehr aus. Das soll ein liebender Vater sein! Sicher hat er mich hier in der Wüste vergessen. Ich muss etwas haben, um meinen Hunger zu stillen, etwas tun, mir etwas nehmen." Kommen dir diese Stimmen bekannt vor? Es ist nicht die Stimme des Teufels. Es ist die Reaktion deines und meines inneren Waisenkindes auf die Versuchung des Teufels. Doch Jesus reagierte nicht wie ein Waise. Er ist Sohn und reagiert aus dem Geist der Sohnschaft:

> *„Der Mensch lebt nicht vom Brot allein, sondern von jedem Wort, das aus dem Mund Gottes kommt."*[131]

Er weiß: Mein Vater sorgt für mich, niemals wird er mich vergessen. Er stellt meinen Speiseplan aus Liebe zusammen. Und hier kommt die gute Nachricht: Auch wir können so antworten, denn wir haben den Geist der Sohnschaft empfangen[132]. Jesus lebt in dir, deshalb muss

---
130 Matthäus 4, 3 Hervorhebung durch den Autor
131 Matthäus 4, 4
132 Römer 8, 15

Kapitel 3: Identität im Vater

das innere Waisenkind nicht das letzte Wort behalten, sondern du kannst wie Jesus als Sohn und Tochter reagieren.

Allerdings war der Teufel mit seinem Generalangriff auf die Sohnschaft Jesu noch nicht fertig. Er führte ihn auf die Zinne des Tempels, mit viel Raum für den freien Fall darunter.

> *„Wenn du Gottes Sohn bist, so wirf dich hinab!"*[133]

„Spring, beweise dir und der Welt, dass du Gottes Sohn bist. Gott hat doch angeblich seinen Engeln befohlen, dass du deinen Fuß nicht an einem Stein stoßen sollst."[134] Was würde ein inneres Waisenkind jetzt denken, das ohne Schutz und Verlässlichkeit aufgewachsen ist? Wie würde ein menschliches Herz reagieren, das Gott durch die Brille des abwesenden oder unbeständigen Vaters anschaut: „Wie kann ich wissen, ob mein Vater wirklich Wort hält? Vielleicht hat er wieder mal seine Meinung geändert, wie so oft unter dem Druck der Leute. Oder er wird einfach nicht da sein, wenn ich sein Eingreifen brauche." So ein inneres Waisenkind käme in dieser Situation in eine brutale Zwickmühle: „Soll ich vom Sims der Tempelzinne ängstlich drei Schritte zurücktreten? Damit würde ich zugeben, dass ich meinem Vater doch nicht so ganz vertraue. Oder soll ich springen? Dann muss er beweisen, dass er wirklich zu mir steht, und mir als seinem Kind sein Wohlgefallen gilt." Viele Christen, die in Bereichen ihres Herzens Waisenkinder sind, suchen immer wieder äußere Beweise, um sich ihrer Stellung als Sohn oder Tochter sicher zu sein: „Vater, wenn ich für diesen schwerkranken Menschen bete und er gesund wird, dann weiß ich, dass du wirklich mit mir bist. Dann kann ich und jeder andere es sehen, dass ich in deinem Wohlgefallen lebe." Aber

---
[133] Matthäus 4, 6
[134] Freie Wiedergabe von Matthäus 4, 6

Die Identität als Sohn oder Tochter macht innerlich fest

was passiert, wenn der himmlische Vater den Beweis nicht liefert? Wenn vielleicht noch ein persönliches Problem oder eine Not im Leben dazu kommt, dann ist die Glaubenskrise vorprogrammiert: „Offenbar liebt mich der Vater im Himmel doch nicht, sonst hätte er mein Gebet erhört und würde mir diese Probleme nicht zumuten." Jesus kam nicht in diese Zwickmühle:

„Du sollst den Herrn, deinen Gott, nicht versuchen,"[135] *ist seine Antwort an den Versucher.*

Er muss kein Spielchen mit seinem Abba-Vater spielen, um sich seiner Sohnschaft sicher zu sein. Weder sich noch irgendjemand sonst muss er etwas beweisen. Jesus war einfach darin geborgen, der geliebte Sohn zu sein. Noch nicht einmal verteidigen muss er den Vater, sondern er gibt seinem Vertrauen in schlichtem Gehorsam Ausdruck: Ich versuche meinen Vater im Himmel nicht, auch stelle ich ihn nicht auf die Probe, sondern ich folge ihm einfach nach. Diese Haltung möchte ich von Jesus lernen und dazu lade ich auch dich ein. Lass uns ganz schlicht immer mehr das tun, was Abba-Gott sagt. Sei es in der Bibel, seinem Wort, oder sei es ein persönliches Reden, das du in deinem Inneren hörst. Kinder müssen nicht beweisen, dass ihr Papa der Beste ist. Sie müssen noch nicht einmal alles verstehen, was ihr Vater tut, sondern dürfen einfach darin geborgen sein, dass er es gut mit ihnen meint.

Noch einen letzten Versuch startet der Teufel, einen Keil zwischen Jesus und den himmlischen Vater zu treiben. Er greift Jesus in einem elementaren Bereich der Sohnschaft an, in seinem Erbe. Der Teufel führt ihn auf einen hohen Berg und zeigt ihm „alle Reiche der Welt und ihre Herrlichkeit"[136]. Eine Unmenge an wundervollen Sinneseindrücken muss hier in kürzester Zeit auf Jesus eingeprasselt sein.

---
135 Matthäus 4, 7
136 Matthäus 4, 8

Kapitel 3: Identität im Vater

In einem einzigen Augenblick stellte der Teufel all die Schönheit und Herrlichkeit der Welt vor Jesus[137]. Er sieht den Glanz aller Paläste und Luxusautos zusammen, die Schönheit des Meeres und der Wälder, spürt die Wärme der Sonne am Morgen und die Kühle des Abends nach einem heißen Tag auf seiner Haut. Er riecht den Duft von Lavendel und allen Gewürzkräutern der Welt, sieht alle medizinischen Errungenschaften, die Menschen geholfen haben, all die Bewunderung, die siegreiche Feldherren, weise Politiker oder umjubelte Popstars je empfangen werden. Das alles und viel mehr lässt der Teufel in einem gigantischen Lichtglanz vor Jesus erstrahlen und flüstert ihm dabei seine Verführungsbotschaften ein: All das kann dir gehören, ich kann es dir geben, ich habe die Macht dazu[138]. Überlege nur, wie viel Gutes du bewirken kannst. Wie du endlich erkannt wirst in deiner Größe. Jesus, denk doch mal darüber nach, dass dein angeblich so liebevoller, himmlischer Vater dich in eine Krippe gesteckt hat. Wer weiß, wie viel Schmerz auf dem Weg mit ihm noch vor dir liegt. Komm, nimm die Abkürzung, empfange dein Erbe aus meiner Hand. Du musst nur vor mir niederfallen und mich anbeten.

Kannst du ein bisschen spüren, was für ein leichtes Spiel der Teufel hat, wenn wir nicht fest sind in unserer Identität als Söhne und Töchter? Seine Versprechungen, dass wir Bedeutung und unser Erbe als Sohn erhalten, sind sehr verlockend. Es sind falsche Versprechungen, denn der Teufel wird sich am Ende immer als der erweisen, der er ist, der Vater der Lüge. Paulus weist uns sehr klar darauf hin, wo wir wirklich unser Erbe bekommen.

> *„Also bist du nicht mehr Sklave, sondern Sohn; wenn aber Sohn, so auch Erbe durch Gott."*[139]

---

137 Lukas 4, 5
138 Lukas 4, 6
139 Galater 4, 7

Die Identität als Sohn oder Tochter macht innerlich fest

Wenn wir uns im Leben oder sogar in unserer Beziehung zu Gott nur wie Knechte oder Sklaven fühlen, sind wir für die Versuchungen des Feindes sehr anfällig. Aber im Herzen Jesu klang noch nach, dass er der geliebte Sohn ist, an dem der Vater Wohlgefallen hat. Deshalb konnte er der Versuchung widerstehen, eine teuflische Abkürzung zu Bedeutung und Identität zu nehmen.

„Du sollst den Herrn, deinen Gott, anbeten und ihm allein dienen."[140]

Jesus wies das Angebot menschlicher Herrlichkeit zurück und ging den Weg bis ans Kreuz. Mit allem was er war, wollte er den Vater groß machen. Am Ende seines Dienstes fasst Jesus diese Haltung im Gespräch mit seinem Abba-Vater zusammen:

„Ich habe dich verherrlicht auf der Erde; das Werk habe ich vollbracht, das du mir gegeben hast, dass ich es tun sollte. Und nun verherrliche du, Vater, mich bei dir selbst mit der Herrlichkeit, die ich bei dir hatte, ehe die Welt war!"[141]

Was der Feind anzubieten hatte, kam nicht annähernd an die Herrlichkeit, die der Vater für Jesus bereithielt. Auch für uns als Söhne und Töchter von Abba-Gott ist es wichtig, dass wir unser Erbe[142] kennen. Der Heilige Geist ist die Anzahlung auf unser Erbe[143]. Er ist der Geist, der uns mit Kraft, Liebe und Besonnenheit ausrüstet[144],

---
140 Matthäus 4, 10
141 Johannes 17, 4+5
142 Unser Erbe als Kind Gottes: Apostelgeschichte 26, 18; Römer 4, 13; Galater 3, 14+18+29; Galater 4, 7; Kolosser 3, 24
143 Epheser, 1, 14
144 2. Timotheus 1, 7

Kapitel 3: Identität im Vater

der wunderbare Früchte in unserem Charakter reifen lässt[145] und uns befähigt, vollmächtige Zeugen für Jesus in Wort und Tat zu sein[146]. Aber vor allem ist er der Geist Christi, der immer wieder in uns ruft: „Abba, lieber Vater"[147]. Durch ihn werden wir zu dieser einmaligen und intimen Beziehung mit Abba-Gott befähigt, die unser Leben für alle praktischen und geistlichen Segnungen öffnet. Ich bin begeistert, wenn ich daran denke, dass das erst die Anzahlung ist! Das Beste kommt ja noch, die ewige, ungetrübte Gemeinschaft im Haus des Vaters[148].

Aus Identität heraus dienen

Jesus lebte sein ganzes Leben auf der Erde in der intimen Nähe zum Vater[149]. Schon als Zwölfjähriger wollte er noch ein bisschen im Tempel sein, einfach, weil der das Haus seines Vaters war[150]. Jahre später brachten Mütter ihre kleinen Kinder zu Jesus, damit er sie segnete. Jesus nahm die Kleinen dann auf den Schoß und legte ihnen die Hände auf um uns ein Bild zu geben, wie auch der himmlische Vater mit seinen Kindern umgeht. Egal, ob er im Haus eines verachteten Zöllners einkehrte, seinen Jüngern ein Gleichnis erklärte, theologische Streitgespräche mit hinterhältigen Kritikern führte oder mit einer selbstgemachten Peitsche die Händler aus dem Haus seines Vaters trieb[151], er war immer ganz er selbst.

Weil Jesus so mit seinem himmlischen Abba verbunden war, konnte er große Autorität ausüben und gleichzeitig der demütigste Diener sein. Für mich wird Demut nirgends besser vor Augen gemalt als in der Vorbereitung zum letzten Abendmahl. Nach einem langen Tag

---

145 Galater 5, 22ff
146 Apostelgeschichte 1, 8; 1. Korinther 2, 4
147 Römer 8, 15; Galater 4, 6
148 Johannes 14, 2
149 Johannes 15, 9
150 Lukas 2, 49
151 Johannes 2, 16

Aus Identität heraus dienen

auf den staubigen Straßen Palästinas hatten die Jünger endlich ein Quartier gefunden. Alles lief ganz normal, doch plötzlich tat Jesus etwas für alle Anwesenden sehr Verwirrendes, geradezu Verrücktes: Er nahm sich eine Schürze und eine Schüssel mit Wasser und fing an, den zwölf Jüngern ihre nach Kameldung stinkenden Füße zu waschen. Diese Tätigkeit war damals die niedrigste Sklavenarbeit. Niemand, der etwas auf sich hielt, hätte sich dazu erniedrigen lassen. Hatte Jesus vergessen wer er war? Nein, das Gegenteil ist der Fall: Als Jesus sich die Schürze umband, wusste er genau woher er kam, wohin er geht und mit welcher Vollmacht der Vater ihn ausgestattet hatte:

Jesus war „im Bewusstsein, dass der Vater ihm alles in die Hände gegeben hat und dass er von Gott ausgegangen war und zu Gott hingehe..."[152]

Das in dieser Bibelstelle verwendete griechische Wort für „Bewusstsein" meint ein „wissen mit innerer Überzeugung ... oder wissen um die volle Bedeutung von etwas"[153]. Genau in diesem Moment, als Jesus kniend die schmutzigen Füße seiner Jünger reinigte, war in ihm eine unvergleichlich tiefe Erkenntnis dessen, welche Macht und Würde er als Sohn des allmächtigen Gottes besaß. Aus diesem Bewusstsein heraus gab er uns durch diese niedrige Tätigkeit ein Vorbild, wie wir einander dienen sollen[154]. Der himmlische Vater sucht keine „frommen Prinzlein" oder „heilige Prinzesschen", die sich nicht die Finger an der Not der Menschen schmutzig machen. Er möchte Söhne und Töchter, die ihm wie sein Sohn Jesus in einer Haltung der Demut mit voller Lebenshingabe dienen. Manche haben das versucht, waren aber von Minderwertigkeitsgefühlen angetrieben und sind deshalb

---
152 Johannes 13, 3
153 Griechisch oida zitiert aus Studienbibel zum NT mit Sprachschlüssel.
154 Johannes 13, 14f

ausgebrannt. Doch der Vater lädt dich ein: Du bist mein Sohn, du bist meine Tochter, tue mit mir im vollen Bewusstsein deiner Stellung die Dinge, die ich schon für dich vorbereitet habe![155] Das wird dich nicht überfordern.

Dem inneren Waisenkind begegnen

Ich glaube, dass es vielen so geht wie mir: Wir haben noch nicht dieses umfassende Bewusstsein unserer Kindschaft, sondern sind teilweise noch wie Waisenkinder, die sich ihre Position verdienen wollen, sich schüchtern verstecken oder großspurig ihre Unsicherheit überspielen. Doch Abba-Gott möchte dir gerade in diesen Bereichen deines Lebens begegnen, damit du immer mehr der Mann oder die Frau werden darfst, die Gott schon immer vor Augen hatte. Du kannst eine Person werden, die in ihrer Identität angekommen ist, weil sie im Vater angekommen ist. Abba-Gott hat einmal eine etwas ungewöhnliche Bibelstelle benutzt, um zu mir über das Waisenkind in meinem Herzen zu sprechen:

> *„Ein reiner und unbefleckter Gottesdienst vor Gott und dem Vater ist dieser: Waisen ... in ihrer Bedrängnis zu besuchen ....“*[156]

Dieser Bibelvers spricht erst einmal von Waisenkindern im natürlichen Sinne, die mit Essen und Schutz versorgt werden sollen. Aber auch der Junge oder das Mädchen in meinem und deinem Herzen braucht Aufmerksamkeit, Nahrung und Schutz. Jesus hat ausdrücklich gesagt, dass er uns seinen Heiligen Geist gesandt hat, damit wir nicht verwaist

---
155 Epheser 2, 10
156 Jakobus 1, 27

Dem inneren Waisenkind begegnen

zurück bleiben[157]. So kannst du deinem inneren Waisenkind Gutes tun, indem du ihm die Wahrheit der Bibel zusprichst oder ihm eine Zeit auf dem Schoß deines himmlischen Vaters gönnst.

Ich selbst war lange Zeit meines Lebens in verschiedenen Situationen sehr unsicher, gerade gegenüber Autoritätspersonen. Menschen gaben mir Ratschläge, wie ich selbstbewusster auftreten könnte, aber meine Bemühungen waren nur von mäßigem Erfolg gekrönt. Als ich dieses Thema in der Seelsorge ansprach, wurde mir eine Situation bewusst, an die ich mich schon früher ab und an erinnert hatte: Mit meinem Vater und einer Gruppe Jungen saß ich an einem Tisch im Gemeindehaus. Ich war damals Teil einer christlichen Kindergruppe, die von meinem Vater geleitet wurde. In der Situation ging es um irgendein Spiel und ich erinnerte mich an den Gedanken: „Mein Vater kann mich ja nicht besonders behandeln, das wäre ungerecht." Oberflächlich war diese Erinnerung nicht von starken Gefühlen begleitet, schließlich war der Gedanke in sich völlig schlüssig. Doch wie in fast allen Kindheitserinnerungen gab es auch hier einen emotionalen Inhalt, dem ich mit Hilfe des Seelsorgers auf die Spur kam. Diese Begebenheit trug für mich eine schmerzvolle Botschaft: „Ich bin in den Augen meines Vaters nichts Besonderes." Nicht nur in dieser Gruppenstunde, sondern in meiner ganzen Kindheit hatte sich das so angefühlt. Mein Vater wollte mir das so nicht vermitteln, aber mein Inneres hatte es in dieser Weise aufgenommen. Es war bildhaft gesprochen eine Lebensbotschaft, die ich mit meinen Wurzeln getrunken hatte wie ein Baum das Wasser. Tränen liefen mir über die Wangen, als ich in diesem Seelsorgezimmer den Schmerz meiner Zurückweisung spürte. Ich begann, meinem Vater sehr bewusst und unter Beteiligung meines ganzen Herzens zu vergeben, dass er mir nicht hatte zeigen können, dass ich jemand Besonderes für ihn war. Ich selbst kehrte innerlich um, denn ich hatte ihn dafür in meinem Inneren gering geachtet und mich selbst von ihm zurückgezogen.

---

[157] Johannes 14, 17-19

Kapitel 3: Identität im Vater

Auch widerrief ich vor Gott die innere Botschaft: „Ich bin nichts Besonderes". Oft hatte ich das sogar ausgesprochen und hielt es noch für demütig, aber das war eben die falsche Demut, die aus Minderwertigkeitsgefühlen entsteht. Innere Waisenkinder haben eine Menge solcher Botschaften wie ich sie hatte. Zum Abschluss sprach mir der Seelsorger noch die Liebe des himmlischen Vaters im Gebet zu und ich spürte eine klare Veränderung in meinem Herzen.

Nur wenige Tage danach hatte ich ein Personalgespräch in meinem damaligen Job. Da ich mich durch meinen direkten Vorgesetzten in einer Gehaltsfrage ungerecht behandelt fühlte, hatte ich einen Termin mit dessen Chef ausgemacht. Nun war ich also im Büro des Chefs meines Chefs – erinnere dich bitte daran, dass Autoritätspersonen mir gewöhnlich erheblichen Respekt einflößten. Doch es kam noch schlimmer, denn der holte gleich meinen direkten Vorgesetzten dazu. Male dir die Situation ruhig vor Augen: Ich sitze im Stuhl – auf der anderen Seite des Schreibtisches sitzen meine zwei Chefs, einer von ihnen auch körperlich ein echtes Schwergewicht von Mann. Ohne die Erfahrung in der Seelsorge hätte dieses Szenario garantiert mein Deo zum Versagen gebracht. Doch jetzt konnte ich meine Position klar und entspannt behaupten. In meinem Herzen wusste ich zutiefst, dass ich einen besseren Stundenlohn wert bin, was auch immer sie sagen. Ich konnte innerlich fest und gelassen bleiben, weil in mir das starke Bewusstsein war, etwas Besonderes in den Augen meines Vaters im Himmel zu sein. Anstatt dass mein Deo kapitulierte, sah ich jetzt, wie meine beiden Vorgesetzten immer mehr ins Schwitzen gerieten, bis sie mir schließlich eine Gehaltserhöhung zubilligten. Wenn ich heute an diese Geschichte denke, geht es mir nicht um die paar Euro mehr pro Monat, die ich damals raus gehandelt hatte. Was mich begeistert ist die Tatsache, dass die veränderte Identität im Vater nach außen so klar spürbar wurde – bis ins Berufsleben hinein.

Ich lade dich ein, dein inneres Waisenkind jetzt ganz konkret zu besuchen. Vielleicht hat Gott dich beim Lesen meines Beispiels mit

Dem inneren Waisenkind begegnen

der christlichen Kindergruppe daran erinnert, dass du für deinen Vater scheinbar auch nicht jemand Besonderes warst. Schließe gleich einen Moment die Augen und erinnere dich an eine Szene, in der du das gespürt hast. Du kannst dir diese Erinnerung bildhaft vor Augen malen, auch wenn das etwas weh tut. Der Schmerz des inneren Waisenkindes ist so oder so da; ihn zu fühlen ist oft der erste Schritt der Heilung. Gehe dann mit diesem Schmerz zu deinem Abba-Vater. Du kannst in einem ersten Schritt so etwas Ähnliches beten wie ich damals in der Seelsorge:

> *„Himmlischer Vater, es tut weh sich diesem Gefühl zu stellen. Bitte passe Du jetzt gut auf mich auf und stärke mich. Halte mich in Deiner liebevollen Vaterhand. Ich hätte mir damals so gewünscht, dass mein Papa mir zeigt, dass ich jemand Besonderes für ihn bin. Doch er hat es mir nicht vermittelt oder ich konnte es zumindest nicht spüren. Dafür vergebe ich ihm jetzt! Ich gebe zu, dass ich ihn innerlich dafür verurteilt und mich zurückgezogen habe. Vergib mir das bitte. Ich löse mich von der Lüge, dass ich nichts Besonderes bin. Du himmlischer Vater hast mich absolut einmalig und wunderbar gemacht, ich vertraue Dir."*

Jetzt kommt der zweite Schritt: Versuche dir den kleinen Jungen oder das kleine Mädchen vorzustellen, das du damals warst, als du die Bestätigung deiner Identität so sehr gebraucht hättest. Wenn du möchtest kannst du sogar ein Kinderfoto aus dieser Zeit vor dich halten. Damit gibst du diesem verletzten Teil deines Herzens ein Gesicht. Und wie David zu seiner eigenen Seele sprach[158], kannst du jetzt dein inneres Waisenkind besuchen und ihm die Wahrheit des Wortes Gottes zusprechen:

---
158 Psalm 42, 6 u.a.

Kapitel 3: Identität im Vater

> *„Liebe kleine..., lieber kleiner... (dein Name). Der himmlische Vater hat ganz genau dich sehr lieb[159], du bist ganz einmalig gemacht[160], dein Papa im Himmel hat wunderbare Pläne für jeden Tag deines Lebens[161], er jubelt und singt vor Freude, wenn er an dich denkt[162]. Du darfst auf seinem Schoß sitzen und ganz zur Ruhe kommen[163]. Er tröstet dich, wenn du traurig bist in seinen Armen[164]. Selbst wenn du richtig Mist gebaut hast, wartet er auf dich mit offenen Armen und möchte mit dir fröhlich sein und feiern[165]. Denn du liebe ..., du lieber ...(dein Name), höre es ganz neu mit deinem kindlichen Herzen: Du bist seine geliebte Tochter, du bist sein geliebter Sohn und dein himmlischer Vater hat Wohlgefallen an dir! Deshalb bist du wirklich jemand Besonderes!"*

War das gut? Dann kannst du der oder dem Kleinen in dir noch einmal liebevoll ins Gesicht schauen und einfach dieselben Worte erneut zusprechen. Kinder können es einfach nicht oft genug hören, wie wunderbar sie sind.

Als ich Gott einmal bat, mir seine Ideen für eine Predigt über Identität zu sagen, hat er es vorgezogen, erst einmal über seine Liebe zu mir zu sprechen. Ich habe die Gedanken damals so aufgeschrieben wie sie mir ins Herz kamen. Weil ich überzeugt bin, dass sie dir in gleicher Weise gelten, gebe ich sie einfach unverändert an dich weiter. Mein Gebet ist, dass Abba-Gott auch dich durch diese Worte ermutigt, in deiner Identität als geliebtes Kind noch mehr anzukommen. Am besten liest du dir die Worte unseres Vaters im Himmel selbst halblaut vor und lässt sie dann ein bisschen in dir nachklingen.

---

159 Johannes 16, 27, Jesaja 43, 1
160 Psalm 139, 14
161 Psalm 139, 16
162 Zefanja 3, 17
163 Psalm 131, 2
164 Jesaja 66, 13
165 Lukas 15, 11-22

Dem inneren Waisenkind begegnen

Wenn du eine Frau bist, lies etwas weiter unten meine „Übersetzung" für Töchter Gottes.

Für Söhne Gottes:

> *„Mein Sohn, ich liebe dich, du bist ein ganz einmaliger Sohn.*
> *Es gibt keinen zweiten wie dich,*
> *keinen zweiten, der mein Herz so berührt, wie du.*
> *Du bist wunderbar gemacht.*
> *Du reflektierst einen Teil meines Wesens, den auf der ganzen Welt nur du so reflektierst.*
> *Du bist mein Abbild, das Prisma, durch das ich mein Licht der Liebe in dieser Welt hinein breche.*
> *Ich liebe dich so sehr.*
> *Sei einfach ein Geliebter."*

Für Töchter Gottes:

> *„Meine Tochter, ich liebe dich,*
> *du bist eine ganz einmalige Tochter.*
> *Es gibt keine zweite wie dich,*
> *keine zweite, die mein Herz so berührt, wie du.*
> *Du bist wunderbar gemacht.*
> *Du reflektierst einen Teil meines Wesens, den auf der ganzen Welt nur du so reflektierst.*
> *Du bist mein Abbild, das Prisma, durch das ich mein Licht der Liebe in dieser Welt hinein breche.*
> *Ich liebe dich so sehr.*
> *Sei einfach eine Geliebte."*

Kapitel 4

Die erziehende Liebe des himmlischen Vaters

Stell dir einmal folgende Situation vor: Du bist gesund, wurdest gerade im Job befördert, hast einen tollen Partner, deine Kinder kommen in der Schule gut klar und letzte Woche hat dich sogar der Pastor vor der ganzen Gemeinde oder der Trainer im Sportverein positiv erwähnt. Wenn ich dich jetzt frage: Glaubst du, dass Gott als ein liebender Vater an dich denkt und dich segnet? Wie viele von zehn möglichen Punkten würdest du geben? Ich rate mal: Je nach Persönlichkeitstyp so zwischen acht (es ist sehr gut, könnte aber noch perfekter sein) und elf (du bist so glücklich, dass du unbedingt noch einen oben drauf setzen musstest.). Aber was ist, wenn du deinen Job verloren hast, dein Partner dir deshalb Vorhaltungen macht, dir der Rücken weh tut und du in der Gemeinde oder dem Verein unter „ferner liefen" geführt wirst? Wie sehr denkt dein himmlischer Vater jetzt an dich und segnet dich? Hat Abba-Gott dich vergessen? Oder ist er vielleicht sogar sauer auf dich und lässt dich deshalb hängen?

Der Schreiber des Hebräerbriefes gibt auf diese Frage eine interessante Antwort:

> *„Ihr habt wohl vergessen, was Gott euch als seinen Kindern sagt: „Mein Sohn, wenn der Herr dich zurechtweist, dann sei nicht entrüstet, sondern nimm es an, denn darin zeigt sich seine Liebe. Wie ein Vater seinen Sohn erzieht, den er liebt, so schlägt der Herr jeden, den er als sein Kind annimmt."[166] Wenn ihr also leiden müsst, dann will Gott euch erziehen. Er behandelt euch als seine Kinder.*

---

[166] Zitat aus Sprüche 3, 11+12

Kapitel 4: Die erziehende Liebe des himmlischen Vaters

> *Welcher Sohn wird von seinem Vater nicht streng erzogen und auch einmal bestraft? Viel schlimmer wäre es, wenn Gott anders mit euch umginge. Dann nämlich wärt ihr gar nicht seine rechtmäßigen Kinder.*"[167]

Dieser Bibelabschnitt ist ganz schön herausfordernd und ich habe beim Schreiben dieses Buches mit diesem Kapitel gerungen wie mit keinem anderen. Viele Kinder wurden völlig zu Unrecht und aus Unbeherrschtheit bestraft oder sogar geschlagen, einfach weil Papa oder Mama schlecht gelaunt waren. Ich bin froh, dass im Anschluss an diese Verse betont wird, dass Gott in dieser Hinsicht ganz anders ist – er handelt niemals aus Unbeherrschtheit heraus[168]. Wenn er erzieht, dann geht es ihm aufrichtig um unser Wohl – in dieser Welt und in seiner ewigen Welt. Wie ein weiser Töpfer formt er uns[169], damit wir nicht nur für uns leben, sondern auch ein Segen für andere sind. Theoretisch finde ich deshalb seine Erziehung richtig gut, aber wenn es richtig weh tut, kommen in mir doch einige heftige Fragen hoch. Vielleicht geht es dir ähnlich, deshalb möchte ich versuchen, wenigstens ein paar davon zu beantworten.

Frage 1: Will Abba-Gott nichts mit mir zu tun haben, weil ich etwas falsch gemacht habe?

Vielleicht hast du als Kind oft diesen Satz gehört: „Geh jetzt sofort auf dein Zimmer. Und komm erst wieder heraus, wenn du wieder lieb sein willst." Hinter Einigen wurde dann sogar noch der Schlüssel im Schloss umgedreht. Viele Kinder haben dann erlebt, dass tagelang so gut wie nichts mit ihnen gesprochen wurde. Manchmal war das „Wieder-lieb-Sein" auch mit demütigenden Ritualen verbunden.

---
167 Hebräer 12, 5-8 nach der Hoffnung für Alle Bibelübersetzung
168 Hebräer 12, 10 Unsere Väter „züchtigten ... nach ihrem Gutdünken, er aber ..."
169 Vgl. Jeremia 18, 2-11

Kapitel 4: Die erziehende Liebe des himmlischen Vaters

Die waren besonders schmerzhaft, wenn du gar nicht wusstest, was du angeblich falsch gemacht hattest. Diese Erfahrungen liegen möglicherweise Jahrzehnte zurück, aber oft haben sie einen Sprung in der Brille hinterlassen, mit der du Abba-Gott ansiehst. Wenn heute dann Probleme überhand nehmen und du seine Nähe und liebende Fürsorge nicht spüren kannst, fühlst du dich wieder wie damals, als du aufs Zimmer geschickt wurdest: Ratlos, verwirrt, beschämt und insgeheim auch wütend auf Gott.

Doch wenn Gott erzieht, tut er gerade das Gegenteil. Er schickt uns nicht fort, er macht die Tür nicht zu, sondern er zieht uns umso mehr zu sich hin. Beim Propheten Hosea im Alten Testament heißt es einmal: „Ich will sie in die Wüste führen..."[170]. Die Wüste ist ein dürrer, unfreundlicher Ort, ein Ort der Erziehung. Israel musste nach der Befreiung aus Ägypten 40 Jahre durch die Wüste wandern, um dort zu lernen, Gott zu vertrauen. Vielleicht fühlst du dich in deiner Wüste auch ziemlich gottverlassen, aber das Gegenteil ist der Fall. Der Vers in Hosea geht weiter: „... um dort freundlich zu ihrem Herzen zu reden." Ich kenne genug Gelegenheiten, wo Abba-Gott mich in die Wüste geführt hat, manchmal war es nur ein Tagestripp, manchmal deutlich länger: Ich bekam einen Infekt gerade im falschen Moment, ein Seminar wurde abgesagt, auf das ich sehr gehofft hatte oder ich wurde innerlich von einer großen Leere fast überwältigt. Doch all das war nötig, damit ich mein Herz wieder auf ihn ausrichtete: „Lieber Vater im Himmel, was hast du eigentlich zu sagen? Was ist dein Plan für meine Zeit und Kraft? Wie geht es unserer Beziehung? Ich will dich hören." Das sind gute Gebete für Wüstenzeiten. Immer wieder staunte ich dann, wie treu Abba-Gott war. Er sprach freundlich zu mir und richtete mich neu aus. Vermutlich hast du wie meine Frau und ich auch so eine „nette Lady" im Auto, die uns den rechten Weg ansagt. Wir nennen sie Gaby. Wenn wir zu schnell fahren oder das Radio laut haben, können wir Gaby – unser Navigationsgerät – nicht

---
[170] Frei nach Hosea 2, 16

Frage 1: Will Abba-Gott nichts mit mir zu tun haben, weil ich etwas falsch gemacht habe?

hören und haben schon hin und wieder eine Ausfahrt auf der Autobahn verpasst. In ihrer etwas quakigen Navi-Stimme beginnt Gaby dann zu uns zu sprechen: „Bei der nächsten Möglichkeit bitte wenden" oder „Route wird neu berechnet". Ich hasse diesen Text! Aber er bedeutet nicht, dass Gaby uns nicht mehr liebt, sondern nur, dass unser Weg eine Korrektur braucht.

Falls du erlebt hast, dass deine Eltern dich mit Trennung und Rückzug bestraften und du deshalb die Nähe deines himmlischen Vaters in schwierigen Zeiten nur schwer erleben kannst, lade ich dich ein, die folgenden Worte zu deinem ganz persönlichen Gebet zu machen:

„Lieber Abba-Vater, ich vergebe meinen Eltern, dass sie mich fortgeschickt, nicht mehr mit mir geredet oder mich eingesperrt haben, um mich zu bestrafen. Oft wusste ich nicht einmal genau, was ich falsch gemacht hatte oder wie ich es hätte besser machen können. Danke, dass Du total anders bist! Danke, dass Deine liebenden Vaterarme gerade jetzt weit offen für mich sind und Erziehung bei Dir nicht Trennung bedeutet, sondern Einladung in neue, tiefere Gemeinschaft. Danke, dass Du es mir gerade durch Deine Erziehung zeigst: Ich bin Dein echter Sohn, ich bin Deine echte Tochter[171]. Hundertprozent angenommen bei Dir".

Wenn unser Vater im Himmel erzieht, dann zieht er sich nicht zurück, sondern er unterstreicht im Gegenteil: Ich habe ein gutes Ziel für dich! Ich glaube daran, dass du es erreichen kannst, deshalb korrigiere ich deinen Weg. Wenn wir trotzdem Trennung von ihm empfinden, kann es neben den Sprüngen in unserer Brille auch daran liegen, dass wir uns noch in der Position des jüngeren Sohnes im Gleichnis von

---

171 Hebräer 12, 8

Kapitel 4: Die erziehende Liebe des himmlischen Vaters

den zwei verlorenen Söhnen[172] befinden. Der Vater lässt es zu, dass sein Kind hungrig bei den Schweinen sitzt, getrennt von ihm. Das tut er nicht, weil er ihn nicht mehr riechen kann – auch wenn der Sohn mit Sicherheit mächtig stank. Das Motiv von Abba-Gott ist Erziehung: Er lässt den Sohn die Folgen der missbrauchten Freiheit kosten. Auch menschliche Eltern hindern ihren Teenagersohn manchmal nicht daran, sich einen mächtigen Kater anzutrinken – einfach, damit er davon lernen kann. Man nennt das Erziehung mit logischen Konsequenzen[173]. Wenn Abba-Gott uns nicht vor den Auswirkungen unseres Handelns bewahrt, tut er das als liebender Vater und weiser Pädagoge. Er lässt uns die Früchte unseres Tuns ernten[174], damit wir lernen können, auf seinen guten Wegen zu gehen und so in bleibender Gemeinschaft mit ihm zu sein.

Frage 2: Bestraft der Vater im Himmel mich, weil ich etwas falsch gemacht habe?

„Womit habe ich das verdient?" Manchmal halb im Spaß, manchmal zutiefst ernst stellen wir diese Frage, wenn etwas schief läuft oder unvorhergesehene Probleme wie eine Dampfwalze über uns rollen. Zu der eigentlichen Sorge kommt dann noch die Selbstanklage, dass Gott mich für irgendetwas bestraft. „Vielleicht war ich stolz, habe zu wenig gebetet, habe irgendwo eine verborgene Sünde …, und jetzt zahlt Vater-Gott es mir richtig heim." Was einen dabei fast verrückt machen kann: „Andere haben doch viel mehr Mist gebaut! Manche Leute kümmern sich um Gott einen feuchten Dreck und trotzdem geht es ihnen scheinbar viel besser." Wenn wir so denken, und ich

---

172 Lukas 15, 11-32
173 Vgl. Matthäus 25, 23 + Lukas 16, 10f Nur wenn wir treu mit dem Wenigen umgehen, kann Jesus uns über mehr setzen. So ist es Teil seiner Erziehung zu prüfen, wie wir mit dem umgehen, was er uns schon jetzt anvertraut hat (Freiheit, Geld, Gaben, Zeit, …)
174 Vgl. Galater 6, 7+8

Frage 2: Bestraft der Vater im Himmel mich, weil ich etwas falsch gemacht habe?

erwische mich oft genug dabei, sind wir noch in der Logik des Alten Testamentes gefangen. Doch Abba-Gott hat sein Versprechen aus Jesaja 53 für seine Kinder wahr gemacht:

> *„Die Strafe lag auf ihm zu unserm Frieden, und durch seine Striemen ist uns Heilung geworden."*[175]

Der einzigartige Sohn[176], Jesus Christus selbst, nahm die Strafe auf sich – und gibt uns im Tausch seinen Frieden. Strafe meint: Ich bezahle für meine Sünde, ich selbst schaffe den gerechten Ausgleich. Die einzig angemessene Strafe für Schuld ist laut der Bibel der Tod[177], die endgültige Trennung vom heiligen Gott. Doch diese Strafe hat Jesus am Kreuz auf Golgatha auf sich genommen[178]. Der Vater im Himmel kann uns in diesem Sinne nicht mehr bestrafen, sonst würde er das für ungültig erklären, was Jesus am Kreuz getan hat[179]. Das zu verstehen ist für unsere Beziehung zu unserem Vater im Himmel unglaublich wichtig: Wenn wir schwierige Situationen als Strafe ansehen, wird es unsere Beziehung zum Vater zerstören. Wenn wir aber die Erziehung erkennen, finden wir auch in den Herausforderungen das Angesicht unseres Abba-Gottes, der an uns glaubt und will, dass wir wachsen. Genau das ist der Punkt, den die Bibel mit Hebräer 12, 8 macht: Es ist unsere Ehre und der Beweis unserer Kindschaft, dass der Vater uns erzieht.

Im Sommer 2010 hatte ich mir an einem Tag vorgenommen, Gottes Gegenwart und Reden zu suchen. Als ich in der Bibel las, kam ich

---

175 Jesaja 53, 5b
176 Johannes 3, 16
177 Römer 6, 23
178 Vgl. Markus 15, 34 „Mein Gott, mein Gott, warum hast du mich verlassen …". Jesus erlebte als Mensch die völlige Trennung von Gott, wenn auch der Vater in seiner Treue weiter in ihm war (2. Korinther 5, 19).
179 Vgl. Markus 10, 45 Das Lösegeld ist bezahlt, kein gerechter Gott kann es erneut einfordern.

Kapitel 4: Die erziehende Liebe des himmlischen Vaters

zu der Stelle in Johannes 15, in der es heißt, dass der Vater jede Rebe reinigt[180], die Frucht bringt. Mir gefiel, was ich las, schließlich wollte ich „Frucht bringen", also etwas für Jesus bewirken. Deshalb betete ich gleich ein - wie ich dachte - harmloses Gebet: „Lieber Vater, bitte reinige mich, damit ich mehr Frucht bringen kann." Nachdem ich ganz andächtig und heilig mein kleines Gebet gesprochen hatte, stiegen plötzlich in mir sehr unheilige Gedanken auf. Da wurden in meinem Inneren massive Verurteilungen gegen eine bestimmte Autoritätsperson aus meinem Umfeld hörbar und auch gegen meine Frau kamen richtende Gedanken hoch[181]. Innerlich zuckte ich über die Erkenntnis zusammen, wie viel Bitterkeit und Anklage in meinem Herz lebten. Es war nicht gerade angenehm, was der Heilige Geist als Antwort auf meine Bitte in meinem Inneren sichtbar werden ließ, aber es war absolut heilsam. In seiner erziehenden Liebe ist der Vater im Himmel an nichts mehr interessiert, als an unserem Herzen[182]. Als ich den Zustand meines Herzens erkannt hatte, war ich zuerst beschämt über mich selbst, aber die Scham wich, als ich meine richtende Haltung vor meinem Abba-Vater als Schuld bekannte. Sofort erlebte ich die Freiheit der Vergebung und wie mein Herz von Bitterkeit geheilt wurde. Bitterkeit ist wie eine Wurzel[183], die weiter wuchert, wenn sie nicht gekappt wird. Ich bin so dankbar, dass Abba-Gott mich durch seinen Geist einen Blick in mein Herz tun ließ, denn dadurch wurde meine Beziehung zu den genannten Personen nachhaltig zum Guten verändert. Es ist die Liebe des Vaters, dass er uns Bitterkeit und Lieblosigkeit nicht durchgehen lässt. Er trainiert uns sogar, unsere Feinde zu lieben[184] und stellt uns damit vor eine Aufgabe, die wir alleine nicht schaffen können. Der himmlische Vater möchte, dass

---

180 Reinigen bedeutet das Ausschneiden der gesunden Rebe. Alle überflüssigen Teile werden weggeschnitten. (n. Gerhard Maier, Bibelkommentar Edition C zur Stelle). Das ist ein schmerzhafter Prozess, der dem der Erziehung in Hebräer 12 entspricht.
181 Jesus warnt immer wieder vor dem Richten, z.B. in Lukas 6, 37
182 Sprüche 4, 23; Sprüche 23, 26; Markus 7, 20-22
183 Hebräer 12, 15
184 Lukas 6, 35 Feinde lieben ist ein Ausdruck, „Söhne des Höchsten" zu sein.

Kapitel 4: Die erziehende Liebe des himmlischen Vaters

unser Leben „gute Frucht bringt". Durch die Kraft Gottes soll unser Leben in unserem Umfeld einen sichtbaren Unterschied machen. In Hebräer 12 lernen wir vom Lebens- und Leidensweg Jesu. Dieser Weg endet nicht am Kreuz, sondern führt in die Freude, mit Gott zu regieren[185]. Abba-Gottes Erziehung ist nicht Bestrafung, sondern sein Training, damit wir schon jetzt, aber auch in Ewigkeit, in seiner väterlichen Liebe und Autorität handeln können[186].

Frage 3: Wozu soll die Erziehung eigentlich gut sein?

Das Leben eines Säuglings kann so wunderbar sein! Das Baby schreit und sogleich kommt Papa angeflitzt und wechselt die Windel oder Mama erscheint und legt den kleinen Wonneproppen an die Brust - und schon ist Babys Welt wieder in Ordnung. Am Anfang unseres Weges mit Gott behandelt uns der Vater im Himmel oft wie solche Babys[187] und das ist gut so. Doch wenn der kleine Max oder die kleine Maximilia mit 40 immer noch schreien und alle sollen springen, dann ist etwas mächtig schief gelaufen. Offenbar haben sie die notwendige Erziehung verpasst und ihr Leben steht in Gefahr, vergeudet zu werden und vielleicht sogar böse zu enden. Der Abschnitt über die Erziehung durch den Vater unseres Geistes[188] beginnt damit, dass uns der Sohn vor Augen gestellt wird, Jesus selbst. Als Söhne und Töchter Gottes ist er unser ultimatives Vorbild darin, wie er sich nicht auf die Sünde einließ und Ablehnung und Widerstand erduldete[189]. Gottes Erziehung möchte uns in die Reife führen, damit wir in einer Welt

---
185 Hebräer 12, 1-3
186 Wir folgen Jesus, der durch den Vater in ihm die „Werke seines Vaters" tat, also Wunder vollbrachte. (Johannes 10, 37+38). Mit Christus regieren: Lukas 19, 17; 1. Korinther 6, 3; Offenbarung 20, 4
187 Vgl. die Stellen zu „Milch": 1. Petrus 2, 2; Hebräer 5, 12f; 1. Korinther 3, 2
188 Hebräer 12, 9 wrtl. „Vater der Geister". So wie unsere leiblichen Väter uns im natürlichen Sinn Leben gaben, gab uns Gott einen Geist, der bei der Wiedergeburt zum Leben erweckt wurde.
189 Hebräer 12, 1-3

Kapitel 4: Die erziehende Liebe des himmlischen Vaters

bestehen können, in der Jesus Christus selbst an ein Kreuz genagelt wurde. Ihm zu folgen ist kein Spaziergang, davon können hunderttausende verfolgter Christen in vielen Ländern weltweit berichten. Aber auch wenn du wie ich in einem sicheren Land lebst, hast du bestimmt genug eigene Herausforderungen, wenn du als Mutter, Vater, Teenager, Chef oder Arbeitnehmer deinen Weg mit Abba-Gott gehst. Selbst Jesus musste als Mensch in die Reife hinein wachsen[190], um den Plan seines himmlischen Vaters erfüllen zu können.

Ich war schon einige Jahre im geistlichen Dienst und eine Vollzeitanstellung in einer kleinen Gemeinde in Süddeutschland war zu Ende gegangen. Mit meiner Frau ging ich daraufhin nach Toronto, wo wir eine charismatisch geprägte Jüngerschaftsschule besuchten. Für mich war das wie ein Durchstarten in eine völlig neue Dimension des Glaubens und der Nachfolge. Ich lernte den Heiligen Geist auf eine viel tiefere Weise kennen, sah die Kraft Gottes in Aktion und erfuhr in einer nie gekannten Art die Liebe des Vaters im Himmel. Nach etwa vier Monaten kamen wir zurück nach Deutschland und ich hatte das Gefühl, geistlich mehr geben zu können als je zuvor. Ich hatte es auf dem Herzen, wieder in Deutschland in den geistlichen Dienst zu gehen – aber irgendwie schien niemand auf mich zu warten. Wir klopften an verschiedene Türen, sprachen mit geistlichen Leitern, besuchten Gottesdienste in ganz Deutschland, aber nichts passte richtig. Selbst dort, wo ich früher mit einem Predigtdienst willkommen war, blieben die Türen jetzt zu. Wir halfen mit bei einer internationalen Konferenz über die Vaterliebe Gottes, aber auch da ergaben sich keine Möglichkeiten für einen weiteren Dienst. Da wir ohne große finanzielle Mittel aus Toronto zurückgekommen waren, nahmen wir dankbar die Möglichkeit an, erst einmal mit im Haus meiner Eltern wohnen zu dürfen, bis sich unser weiterer Weg klären würde. Wenn wir nicht unterwegs waren, besuchten wir sonntags die Gottesdienste der kleinen Gemeinde, in der ich aufgewachsen war. Ich kam mir vor

---
190 Lukas 2, 52; Hebräer 5,8

Frage 3: Wozu soll die Erziehung eigentlich gut sein?

wie bei einer unfreiwilligen Zeitreise in die Vergangenheit und wurde innerlich immer ungeduldiger: „Gott, ich habe dich doch gerade als Vater kennen gelernt, tiefe Erfahrungen mit deiner Liebe und Kraft gemacht! Ich bin im Vertrauen losmarschiert, aber jetzt sitze ich schon seit Monaten fest. Wie soll es beruflich und im Dienst weiter gehen? Vater, hast du uns vergessen?" Wenn Gott uns erzieht, fühlt sich das meist nicht gut an. Der Hebräerbrief formuliert das so:

> *„Alle Züchtigung scheint uns zwar für die Gegenwart nicht Freude, sondern Traurigkeit zu sein,..."* [191]

Ich liebe den Realismus der Bibel, denn sie spricht oft an, dass Erziehung meistens wirklich nicht angenehm ist. Oder hast du schon einmal ein Kind gehört, dass seinen Vater anbettelt: „Bitte, bitte lieber Papa, ach bitte, erziehe mich!" Aber wenn die Erziehung gefehlt hat, kommen später die Probleme. In der Zeit nach der Jüngerschaftsschule in Toronto hatte ich Abba-Gottes pädagogisches Eingreifen nötig, auch wenn ich nicht darum gebetet hatte. Denn bei all den guten Erfahrungen, die ich gemacht hatte, war ich innerlich stolz geworden. Im Rückblick denke ich heute, ich war damals ein geistlicher Teenager. Teenager können super begeistert von einer Sache sein – das ist toll! Aber gleichzeitig wissen, können und machen sie einfach alles besser als ihre Eltern. Sie machen es sogar dann noch besser, wenn sie gerade gar nichts machen.

Gott hatte mich etwa ein halbes Jahr an dem Ort meiner Kindheit festgesetzt, damit ich neu anfing, meine geistlichen Wurzeln zu ehren. In dieser Zeit lehrte er mich, meine geistlichen Väter und Mütter neu wert zu schätzen und dankbar zu werden für die geistlichen Schätze, die mir in der Kindheit anvertraut wurden. Dieser

---
191 Hebräer 12, 11

Kapitel 4: Die erziehende Liebe des himmlischen Vaters

Prozess war nötig, damit aus dem geistlichen Teenager ein Mann Gottes werden konnte, der die anderen Söhne und Töchter seines Abba-Vaters in allen christlichen Prägungen von Herzen liebt und ehrt, ihnen dient und von ihnen lernt. Er erlaubte nicht, dass ich ein „geistlicher Überflieger" werde, sondern formte mich in dieser Zeit des Wartens zu einem „Liebhaber" aller seiner Kinder. Das war das Ziel seiner Erziehung mit mir.

Als Kind ist Erziehung immer dann besonders nervig, wenn wir nicht wissen, wozu wir etwas lernen sollen. Ich erinnere mich dunkel an Dinge in Mathematik oder Latein, die praktisch absolut keine Bedeutung für mein weiteres Leben hatten. Wie viel besser war es, wenn der Lehrer uns sagen konnte, wofür wir dieses Wissen einmal brauchen würden. In Hebräer 12 nennt uns unser Vater im Himmel zwei grundlegende Ziele seiner Erziehung. Das erste besteht darin, dass wir „seiner Heiligkeit teilhaftig werden" sollen[192]. Abba-Gott ist heilig[193], kann und will also mit Sünde absolut nichts zu tun haben (wohl aber mit Sündern). Deshalb möchte er uns in seine Heiligkeit hineinziehen, damit wir immer intensiver mit ihm verbunden sein können. Er ruft dich: „Sei heilig, denn ich, der wahrhaftig heilige Vater[194], möchte immer stärker von Herz zu Herz mit dir verbunden sein!" Sein zweites Erziehungsziel ist „die friedsame Frucht der Gerechtigkeit."[195] Das bedeutet, dein Abba-Vater will dich in einen Frieden führen, der auch von schwierigen Umständen nicht erschüttert wird. Er möchte dich zu einer bedeutsamen Person machen, die mit ihrem ganzen Lebensstil ihn verherrlicht[196] und die in herzlichen Beziehungen leben kann[197].

Abba-Gottes Erziehungsziele sind absolut lohnend. Wenn wir allerdings in einer Erziehungszeit stecken - und es gibt weit schwie-

---

192 Hebräer 12, 10
193 1. Petrus 1, 16
194 Johannes 17, 11
195 Hebräer 12, 11
196 Philipper 1, 10+11
197 Jakobus 3, 16-18

Kapitel 4: Die erziehende Liebe des himmlischen Vaters

rigere als die damals in meinem Heimatort – kommt oft eine weitere Frage auf: Wie soll ich diese Zeit bloß aushalten, ohne daran kaputt zu gehen? Mein persönlicher Held und mein Vorbild, wie man in einer langen Erziehungszeit an Gott dranbleibt, ist Josef aus dem Alten Testament. Abba-Gott wollte ihn zum Retter Ägyptens und Israels für seine Generation machen. Doch der Weg vom verwöhnten Nesthäkchen bis hin zu dem Mann, der diese Verantwortung fachlich, menschlich und geistlich tragen konnte, war lang.

Frage 4: Wie kann ich die Zeit der Erziehung durchstehen?

Das Leben Josefs startete aus der Vaterperspektive scheinbar perfekt. Als Sohn seines Alters war er der Liebling seines Vaters Jakob, der ihm seine besondere Aufmerksamkeit gab[198] und an ihn glaubte[199]. Für seine Mutter Rahel war er die lang ersehnte Gebetserhörung[200]. Josef trug in seinem Herz nicht wie viele die Wunden, von der Mutter nicht gewollt oder vom Vater übersehen worden zu sein. Sogar Vater-Gott hatte offenbar seine Gunst auf ihn gelegt, schenkte er ihm doch gleich zweimal Träume, die seine besondere Ehrenstellung in der Familie betonten[201]. Nur mit den Brüdern gab es Probleme. Sie waren neidisch auf Josef und mochten es gar nicht, wie er seine Träume unsensibel heraus posaunte. Deshalb warfen sie ihn in einem günstigen Moment erst in ein trockenes Wasserauffangbecken und verkauften ihn dann als Sklaven nach Ägypten. Dort musste er für Potifar, den obersten Leibwächter des Pharao, arbeiten. Vermutlich kennst du das Happy End der Geschichte: Josef wird stellvertretender König in Ägypten, rettet den halben Orient vor einer Hungersnot und wird schließlich

---
198 1. Mose 37, 3
199 1. Mose 37, 10+11
200 1. Mose 30, 22-24
201 1. Mose 37, 5-11

Kapitel 4: Die erziehende Liebe des himmlischen Vaters

wieder mit seiner Familie versöhnt[202]. Fast nebenbei erfüllt er dabei seine tiefste Bestimmung: Er erhält das Volk Israel am Leben[203], aus dem einmal der Retter aller Menschen, Jesus Christus, kommen wird. Auf den ersten Blick eine beneidenswerte Lebensgeschichte, aber zwischen der Zisterne und der Versöhnung liegen lange 23 Jahre, in denen Josef trotz aller Widrigkeiten in Gottes Schule geblieben ist. Dadurch qualifiziert er sich als der Topexperte, um uns drei Antworten auf die Frage zu geben, wie wir die Erziehung durch den Vater im Himmel gut überstehen können.

Antwort 1: Lerne Gottes Segen innerhalb der schwierigen Situation zu empfangen.

Wenn es schwierig wird im Leben habe ich häufig ein sehr kurzes Gebet auf Lager: „Papa, hol mich hier raus!" Hast du das auch schon gebetet? In seiner Freundlichkeit hat Abba-Gott dieses Gebet auch schon oft erhört. Wenn uns der himmlische Vater aber in die Reife führen will, muss er diesen Ruf manchmal überhören. Würde er uns alle Probleme aus dem Weg räumen, verkäme er zu einer Art Übermutter, die uns am liebsten in einen goldenen Käfig sperren möchte wie ein zartes Vöglein. Im Gegensatz dazu ist Abba-Gott aber ein Vater, der nicht alles Böse einfach von uns fernhält. Er stellt uns mitten auf einen Planeten, auf dem der „Fürst dieser Welt"[204] Macht hat. Wir leben an einem Ort, an dem es Verletzungen, Sünde und Kampf gibt, damit wir zu den Männern und Frauen reifen können, die Abba-Gott schon immer vor Augen hatte.

Als Josef mit 17 Jahren in die Zisterne geworfen wurde, hielt er es vermutlich anfangs für einen schlechten Scherz unter Brüdern. Doch mit Sicherheit fing er schon bald an, genau mein Gebet zu

---
202 Der ganze spannende Bericht über Josef steht in 1. Mose 37-50.
203 1. Mose 50, 20
204 Johannes 14, 30 vgl. Epheser 6, 12. Der Begriff umschreibt, dass der Teufel eine gewisse Macht hat.

Frage 4: Wie kann ich die Zeit der Erziehung durchstehen?

rufen: „Holt mich hier raus!" Vielleicht rief er erst halb belustigt, dann wütend und am Ende verzweifelt. Ich kann mir gut vorstellen, dass er in seiner Not nach Papa und Mama schrie. Viele junge Männer in den Schützengräben und auf den Schlachtfeldern des ersten und zweiten Weltkrieges riefen in Todesangst verzweifelt nach ihren Eltern. Sicher schrie Josef auch zu Gott. Zunehmend wurde ihm klar, dass irgendetwas hier mächtig schief lief! In seinen Träumen verbeugten sich seine Brüder vor ihm und schauten ehrfurchtsvoll zu ihm auf, aber jetzt standen sie am Rand der Zisterne und schauten hämisch grinsend von oben auf ihn herab. Was für Josef wie eine Katastrophe aussah, verwendete Abba-Gott, um ihn an den Platz zu bringen, an dem er seine Berufung ausführen kann. Mitten durch die schwere Schuld der Brüder hindurch verwirklicht der himmlische Vater seinen Segensplan. Die Verantwortung für ihre Taten wird dadurch aber nicht geschmälert, auch sie werden sich gemäß Abbas göttlichem Timing noch einem ernsthaften Erziehungsprozess stellen müssen[205].

Als Josef ins Haus des Potifars als Sklave kam, musste er mit Sicherheit erst einmal mit ziemlich miesen Jobs anfangen. Doch das war vermutlich sein geringstes Problem, wenn man bedenkt, dass er von seinen ihn liebenden Eltern fortgerissen worden war, und zwar durch den hinterhältigen Verrat seiner eigenen Brüder. Ich könnte verstehen, wenn Josef mit dem Gott seiner Kindheit und Jugend fertig gewesen wäre, doch er hielt sich auch in diesen widrigen Umständen an seinen Vater im Himmel – „Der Herr aber war mit Josef."[206]. Abba-Gott hatte ihn nicht vor der Verschleppung bewahrt, aber er war mitten in der schwierigen Situation ganz eng an seiner Seite. Gottes Handeln innerhalb der Not zu suchen, statt die Errettung aus der Not, ist ein wesentlicher Schlüssel für geistliche Reife. Wenn wir das tun, wird die gute Erziehungsabsicht unseres himmlischen Vaters zum Erfolg führen. Gottes Gunst auf Josef wurde offensichtlich, was

---
205 1. Mose 42-45 Es ist tröstlich, dass Abba-Gott auch mit denen seiner Kinder einen Erziehungsweg hat, die uns verletzt haben.
206 1. Mose 39, 2 vgl. Jakobus 4, 8 Gott ist denen nahe, die sich ihm nahen.

Kapitel 4: Die erziehende Liebe des himmlischen Vaters

dazu führte, dass Potifar ihn Schritt für Schritt beförderte. Josef lernte die ägyptische Sprache und wuchs in die Tätigkeit als Verwalter eines sehr wohlhabenden Haushaltes hinein – in unseren Tagen mit dem Geschäftsführer eines mittleren Unternehmens vergleichbar. Der Vater im Himmel hat manchmal schon interessante Ideen, wo und wie er seine Kinder für ihre Aufgabe ausbildet. Dabei behält Abba-Gott aber immer sein höchstes Ausbildungsziel im Blick: Wir sollen lernen, ihm zu vertrauen.

Meine Frau und ich wollten Gott mit einem möglichst großen Teil unserer Zeit und Kraft dienen und hatten deshalb für eine Phase unseres Lebens nur wenige Einnahmen. Unser Girokonto hielt sich gerade so über der Nulllinie und dann kam auch noch eine überraschende Autoreparatur von über 400 Euro auf uns zu. Normalerweise mussten wir die Kosten immer per EC-Karte sofort beim Abholen unseres Wagens begleichen, aber dieses Mal war die Werkstatt nicht zum Erstellen einer Rechnung gekommen (das einzige Mal in gut 14 Jahren, in denen ich in diese Werkstatt gehe). Ich nahm das Auto mit und war froh, unser Konto nicht überziehen zu müssen. Als zwei Wochen später die Rechnung kam, war unser Konto wieder gedeckt und ich konnte den Betrag ganz entspannt überweisen. Abba-Gott wollte uns mit dieser relativ kleinen Sache etwas Großes beibringen. Zwar nahm er uns nicht sofort aus dem finanziellen Engpass heraus, aber er machte uns liebevoll deutlich: Ich bin als euer fürsorgender Vater mitten in eurem Engpass drin und habe jedes Detail, inklusive eurem Kontostand, im Blick! Kommt, ihr dürft mir vertrauen!

Durch die Unterstützung seines Vaters im Himmel war Josef in eine beachtliche Position gekommen. Als rechte Hand von Pharaos persönlichem Leibwächter war er sehr nah herangekommen an den König von Ägypten, den mächtigsten Mann der damaligen Welt. Im Dunstkreis dieses Herrschers schien es nur noch ein winziger Schritt, bis Josefs Brüder sich vor ihm verbeugen würden, so wie er es einst in seinen Träumen gesehen hatte. Ich wünschte mir, dass Josefs

Frage 4: Wie kann ich die Zeit der Erziehung durchstehen?

Erziehung hier abgeschlossen wäre. Auch er war bestimmt überzeugt, dass es jetzt nur noch weiter aufwärts gehen konnte. Die Erfüllung seiner gottgegebenen Träume war zum Greifen nahe, doch Abba-Gott erlaubte eine weitere Prüfung von Josefs Treue. Josef hielt auch in dieser Prüfung an Gott fest und so können wir weiter von ihm lernen, wie wir in schwierigen Zeiten der göttlichen Erziehung durchhalten:

Antwort 2: Halte an Gottes Verheißung fest

Josef fand nicht nur Anerkennung bei Gott und Potifar. Auch dessen Frau hatte ein Auge auf ihn geworfen und wollte ihn für sich als Liebhaber gewinnen[207]. In dieser brenzligen Situation wird ein geistliches Prinzip deutlich: Wenn Gott dich für einen Auftrag vorbereitet, ist oft der Versucher nahe, der dich auf Abwege bringen will[208]. Wäre Josef ein geistliches Waisenkind gewesen, hätte er hier seine Chance gesehen. Aus der Affäre mit dieser Frau, nennen wir sie Madam Potifar, hätte er viel Bestätigung und Trost ziehen können. Sie war vermutlich so attraktiv, dass Männer gegen Bäume liefen, wenn sie ihr hinterher schauten. Ein so einflussreicher und wohlhabender Mann wie Potifar hatte sich garantiert eine absolute Schönheit zur Frau gewählt. In dieser Situation fest zu bleiben, war sicher nicht einfach für Josef; schließlich hatte er ja auch Hormone. Außerdem hatte es Gott doch zugelassen, dass er alleine in einem fremden Land und in einer fremden Kultur war. Und sollte man zu einer so einflussreichen Frau „Nein" sagen, die sich offensichtlich von ihrem Mann vernachlässigt fühlte? Vielleicht wollte Gott ihn ja gerade durch sie segnen, und er sollte ein Segen für sie sein. Mit Sicherheit hätte Josef genug Argumente gefunden, um eine Affäre mit Madam Potifar vor sich selbst zu rechtfertigen. Doch Josef widersteht der Versuchung und

---
207 1. Mose 39, 7
208 Vgl. Mose, der im Jähzorn den Ägypter tötete, Jesus, der nach der Fastenzeit in der Wüste versucht wurde oder Petrus, der sich trotz der Offenbarung vom Himmel (Apostelgeschichte 10, 9ff) wieder zur Gesetzlichkeit verführen lies (Galater 2, 11+12).

Kapitel 4: Die erziehende Liebe des himmlischen Vaters

bleibt Gott treu. Er nimmt nicht die Abkürzung, sich Gunst und ein bisschen Glück bei Potifars Frau zu erschlafen. Viel lieber wollte Josef der Treue Gottes vertrauen. Sein himmlischer Vater hatte ihm zwei Mal im Traum versprochen, dass er ihn in der Zukunft ehren wird. Mit aller Kraft hielt Josef daran fest, dass Abba-Gott sein Versprechen bestimmt halten würde[209]. Josef bewahrte hier in vorbildlicher Weise die richtige Glaubenshaltung. Doch dafür bekommt er weder eine Beförderung von Potifar, dessen Ehe er geschützt hat, noch von Gott, dem er die Treue gehalten hat. Es geschieht stattdessen genau das Gegenteil: Josefs Lebensrealität wendet sich radikal ins Negative. Er wird von der zurückgewiesenen Verführerin angeschwärzt und ohne Klarstellung der Wahrheit ins Gefängnis geworfen. Manchmal zerbrechen wir uns den Kopf darüber, wie es sein kann, dass wir den Willen Gottes tun, aber es geht trotzdem erst einmal bergab. Bestimmt hat Josef das auch nicht verstanden, doch er folgte dem Weg Gottes. Zwei Jahrtausende später hat Paulus auch uns folgendermaßen für diesen Weg ermutigt:

> *„Lasst uns aber im Gutestun nicht müde werden, denn zur bestimmten Zeit werden wir ernten, wenn wir nicht ermatten."*[210]

Nach Gottes Plan sollte Josef der zweitmächtigste Mann der damaligen Welt werden. Ich glaube, Abba-Gott wollte im Gefängnis Josefs dienende Haltung weiter trainieren, damit er später seine Macht richtig einsetzen würde. Doch das konnte Josef an diesem scheinbar gottverlassenen Ort nicht wissen. Ich kann mir gut vorstellen, dass er manches Mal sehr entmutigt war, zumindest ist das meine Erfahrung aus Gottes Erziehungszeiten. Doch Josef hielt fest an Abba-Gott und

---

209 Vgl. 1. Mose 41, 32 Aus Erfahrung lernte Josef: 2x im Traum versprochen = Gott wird es garantiert tun.
210 Galater 6, 9

Frage 4: Wie kann ich die Zeit der Erziehung durchstehen?

so geschah es, das ihn die Gunst von Gott und Menschen selbst an diesem Ort der Gefangenschaft fand[211]. Unser himmlischer Vater hat wunderbare Wege, damit uns seine Gunst an jedem Ort finden kann und somit hilft, an seinen Verheißungen festzuhalten.

Ich arbeitete lange als Pförtner in Teilzeit für eine Sicherheitsfirma, da dieser Job mir Zeit und Kraft ließ, nebenher intensiv als Seelsorger tätig zu sein und in einer Gemeinde mitzuarbeiten. Diese Entscheidung hatte ich vor einigen Jahren ganz bewusst getroffen, doch jetzt saß ich in meinem Pförtnerhäuschen und hatte gerade völlig frustriert den Telefonhörer aufgelegt. Vor wenigen Wochen hatte ich den Einsatzort gewechselt und auf einen höheren Stundenlohn gehofft. Jetzt bekam ich jedoch gerade von meinem Chef eine bittere Abfuhr erteilt. Ich war sauer auf ihn, aber ich war auch wütend auf Gott: War er nicht der himmlische Vater, dem ich dienen wollte?! Seinetwegen hatte ich doch diesen Job angenommen, um möglichst viel frei zu sein für ihn. Warum versorgte er mich jetzt so mies mit einem nur sehr kleinen Gehalt?! Während ich meinen Groll gegen Abba-Gott in mir brodeln lies, kam eine Reinigungskraft herein. Sie ist eine Schwarzafrikanerin, ich hatte sie nie vorher und auch nachher nicht in der Firma gesehen. Für mich wurde sie in diesem Moment zu einem Engel, einer Botin Gottes. In ihrer Hand trug sie einen Plastikbecher mit Kaffee, den sie mir einfach schenken wollte, nur um mir eine Freude zu machen. Ich war erstaunt, nahm ihn aber dankend an. Der Kaffe war süß und heiß, ein echter Automatenkaffee für gerade einmal 40 Cent - aber für mich war er unendlich wertvoll. Denn Abba-Gott sprach in diesem Moment ganz klar in mein Herz: Ich sorge für dich und kann das auf tausend Wegen tun. Ich kann dich sogar durch eine schwarzafrikanische Reinigungskraft versorgen, die vermutlich noch weniger verdient und vor allem deutlich härter dafür arbeiten muss als du. Wo ich eben noch auf meinem Pförtnerstuhl grollte, saß ich jetzt dankbar schmunzelnd da, mit meinem genial kostbaren 40-Cent-Kaffee in

---
[211] 1. Mose 39, 21

Kapitel 4: Die erziehende Liebe des himmlischen Vaters

der Hand: Was für ein liebevoller und kreativer himmlischer Vater, der mich lehrt, ihm zu vertrauen! Und der unbeschränkt Wege hat, Gunst auf seine geliebten Kinder zu legen - egal ob auf einen Josef im Gefängnis oder mich in meinem Pförtnerhäuschen. Er möchte einfach nur, dass wir an seinem Versprechen festhalten, auch wenn er uns erzieht. Für mich war damals die Zeit an der Pforte noch nicht vorbei, aber genau dort sollte ich lernen, dass es immer der Vater im Himmel ist, der mich versorgt.

Denkst du manchmal, dass Abba-Gott und du irgendwie ein verschiedenes Zeitgefühl haben? Mir geht es öfter so und Josef ging es garantiert auch nicht besser. Er war jetzt im Gefängnis, doch durch die Gunst Gottes bekam er erneut Schritt für Schritt immer mehr Verantwortung und Freiheiten anvertraut. Die Bibel sagt nicht genau, wie lange Josef im Gefängnis war, aber schließlich kam seine große Stunde: Wichtige Leute, der Bäcker und der Mundschenk des Pharaos, waren auch ins Gefängnis geworfen worden und hatten beide einen bedeutungsvollen Traum gehabt. Mit Träumen kannte Josef sich aus und durch Gottes Weisheit konnte er beide Nachtgesichte hundertprozentig treffend auslegen. Wie vorhergesagt kam der Bäcker nach drei Tagen an den Galgen, der Mundschenk aber wurde nach derselben Zeit wieder in seine alte Vertrauensstellung als Vorkoster für die königlichen Getränke eingesetzt. Dort beim Pharao wollte er ein gutes Wort für Josef einlegen, endlich! Ich kann mir vorstellen, wie Josef anfangs auf jedes noch so kleine Geräusch am Tor des Gefängnisses achtete: Bestimmt ist es jetzt der Bote des Pharaos, der mich hier herausholt. Doch es war wieder nur ein Bauer, der Lebensmittel lieferte oder die kauzige Schwiegermutter irgendeines Mitgefangenen, die da ans Tor geklopft hatte. Stück für Stück schwand die Hoffnung auf den Boten, als ein Jahr und dann noch eines ins Land gingen. Zwei volle Jahre hatte der Mundschenk Josef vergessen[212]!

---

212 1. Mose 40, 23 + 41, 1

Frage 4: Wie kann ich die Zeit der Erziehung durchstehen?

Wie ein Vater seine Kinder herausfordert, so fordert uns auch Abba-Gott manchmal ganz schön heraus, an den Verheißungen fest zu halten. Gerade als ich dieses Kapitel schreibe, stupst mich der himmlische Vater in meiner persönlichen Zeit mit ihm ganz neu auf eine wesentliche geistliche Wahrheit: Manche guten Dinge können nicht geschehen bis zu einer „vom Vater festgesetzten Frist"[213]. Gott hat sein ganz spezielles Timing, das kann ich auch in meinem Leben immer wieder feststellen. Ich kannte meine Frau schon mit fünfzehn, doch bis wir zusammen kamen musste ich erst über dreißig werden. Dabei war ich nie Single aus Überzeugung und hatte schon immer gebetet und die Augen „nach der Richtigen" offen gehalten. Offenbar war die festgesetzte Frist noch nicht da und Gott wollte, dass wir beide unabhängig voneinander noch einen Weg gingen, um als Persönlichkeit und im Glauben zu wachsen. Im vollzeitlichen christlichen Dienst ging es mir ähnlich: Ich habe schon als Jugendlicher eine klare Berufung in den geistlichen Dienst gespürt, aber ich saß nach meiner Tätigkeit als Pastor in Süddeutschland und der Jüngerschaftsschule in Toronto zehn Jahre einen guten Teil meiner Zeit an verschiedenen Pforten oder machte Aufsicht im Museum. So lange dauerte es, bis ich wieder meine ungeteilte Kraft in den Dienst von Seelsorge und Verkündigung einbringen durfte. Ja, Gott hatte mich für diesen Dienst berufen, aber es sind seine Zeitpunkte, wann was in Erfüllung kommt. Um in diesen Zeiten dran zu bleiben, müssen wir aktiv an unserer Verheißung fest halten. Mir hat dabei sehr ein afrikanischer Freund geholfen, der trotz herausfordernder Lebensumstände an seiner Berufung als Pastor festhielt. Sein Vorbild machte mir Mut, zur richtigen Zeit wieder Schritte zurück in den vollzeitlichen geistlichen Dienst zu wagen. Manchmal können wir auch Gottes Zeitpunkte verpassen.

---

213 Galater 4,2b Gott sendet Jesus. Auch von anderen heilsgeschichtlichen Ereignissen wird ausdrücklich gesagt, dass der Vater den Zeitpunkt bestimmt: Sendung des Heiligen Geistes (Apostelgeschichte 1, 4), Wiederherstellung der sichtbaren Königsherrschaft Gottes (Apostelgeschichte 1, 7).

Kapitel 4: Die erziehende Liebe des himmlischen Vaters

Mose reagierte übereilt, als er den ägyptischen Aufseher erschlug[214]. Später verpasste das Volk Israel aus Angst den richtigen Zeitpunkt, um das gelobte Land einzunehmen. Deshalb musste Abba-Gott sie weitere 40 Jahre trainieren und lies sie Extrarunden in der Wüste drehen, bis eine neue Generation heranwuchs, die ihm als Vater mit ihrem ganzen Herzen vertraute[215]. Selbst wenn wir den Zeitpunkt verpassen, als Kinder Gottes sind wir seine Söhne und Töchter. Er wird uns niemals verwerfen, sondern einfach weiter mit Liebe und Klarheit erziehen[216]. Dank der Führung durch seinen Heiligen Geist muss das auch nicht immer 40 Jahre dauern! Puh, ich höre geradezu, wie du jetzt innerlich aufatmest. Vielleicht wartet die Erfüllung deiner Verheißung gerade um die nächste Ecke, bleib dran!

Josef blieb dran, doch es gab etwas, was diesen Weg sehr erschwerte: Sein Herz war immer wieder massiv durch Menschen verletzt worden. Die tiefsten inneren Wunden hatten ihm seine eigenen Brüder zugefügt, aber auch Potifar und dessen Frau hatten ihn grausam spüren lassen, dass er nur ein „hebräischer Sklave"[217] fern der Heimat war, ein rechtloser Ausländer. Josef hätte allen Grund gehabt, in Bitterkeit zu versinken. Doch er hielt sich an Gott und lebte uns so eine dritte Antwort vor, wie wir durch schwere Zeiten kommen. Damit gibt er uns einen

---

214 2. Mose 2, 11-24
215 5. Mose 8, 2+5 Gott erzieht in der Wüste sein Volk wie ein Mann seinen Sohn.
216 Galater 4, 7 Nicht Sklave, sondern Sohn und Erbe. Der Sklave muss gehen, wenn er sündigt (vgl. Johannes 8, 35), aber das Kind bleibt und wird weiter erzogen (Hebräer 12, 7).
217 1. Mose 39, 17 Damit bohren sie richtig in Josefs Lebenswunde.

Frage 4: Wie kann ich die Zeit der Erziehung durchstehen?

wichtigen Schlüssel, wie die Dinge zum Segen werden, die unser himmlischer Vater zu unserer Erziehung zulässt.

Antwort 3: Lass dein Herz von Gott heilen

Meist ist es Teil der Erziehung durch Abba-Gott, dass er es erlaubt, dass unser Herz durch Menschen verletzt wird. Genaugenommen fällt mir keine einzige Person in der Bibel, der Kirchengeschichte oder in meinem persönlichen Umfeld ein, die Gott gebrauchte, ohne dass sie zuvor Verletzung durch Menschen erlitten hat. Selbst der einzigartige Sohn Jesus wurde durch einen Kuss verraten[218]. Abba-Gott mutet uns nichts zu, was er nicht selbst in seinem Sohn Jesus erduldet hat. Es wird in der Bibel leider nicht beschrieben, wie genau Gott das Herz des Josef geheilt hat. In meinem eigenen Leben war persönliche Seelsorge dazu an verschiedenen Stellen eine große Hilfe. Es ist immer wieder eine Herausforderung, wie Jesus zu vergeben[219], von der eigenen Bitterkeit umzukehren[220] und sich neu mit der Liebe des himmlischen Vaters füllen zu lassen. Doch auch unabhängig von der Seelsorge heilte Gott mein Herz, indem ich zunehmend mehr in der Bibel entdecken durfte, dass Abba-Gott wirklich ein absolut liebevoller Papa ist. Wenn ich mich danach ausstreckte, konnte ich seine Nähe spüren, die mein Inneres

---

218 Lukas 22, 48
219 Lukas 23, 34a „Vater, vergib ihnen! Denn sie wissen nicht, was sie tun."
220 Hebräer 12, 15 Das schließt die Bitte um Vergebung ein, wo wir Menschen verurteilt haben (vgl. Lukas 6, 37). Ausführliches biblisches Lehrmaterial dazu in den Büchern von John und Paula Sandford und den Schulungen des Elijah Houses.

Kapitel 4: Die erziehende Liebe des himmlischen Vaters

Stück für Stück weiter verändert hat und bis heute verändert[221]. In diesen vertrauten Zeiten mit ihm höre ich immer wieder, wie er als mein vollkommener Vater sehr liebevoll in mein Herz hinein spricht. Vielleicht hat dein natürlicher Vater nie den Mund aufbekommen, um mit dir über persönliche Dinge zu reden. Auch bei meinen Eltern war eher die Mutter für das Reden zuständig. In manchen Familien wurde fast völlig geschwiegen oder nur oberflächlich gesprochen. Oft ist das eine Nachwirkung der unverarbeiteten Schrecken des zweiten Weltkrieges, die sich bis in die dritte Generation und darüber hinaus auswirken können. Wenn du bei deinem Vater fast nur Schweigen erlebt hast, ist es für dich vermutlich erst einmal schwer zu glauben, dass der himmlische Vater dir gerne jederzeit sein Herz mitteilen möchte. Jesus selbst, der einzigartige Sohn und unser Vorbild in Sachen Kindschaft, hat immer wieder in der Abgeschiedenheit die vertraute Herzensbegegnung mit seinem himmlischen Vater gesucht[222]. Wir wissen wenig darüber, wie der Austausch in diesen intimen Zeiten zwischen Vater und Sohn ablief. Offenbar sah Jesus als Sohn während dieser Begegnungen mit seinem Abba, was dieser gerade in der Welt tut[223]. Auch erfahren wir, dass Jesus zweimal ausdrücklich hörte, welch großes Wohlgefallen der Vater an ihm hat[224]. Ich erwische mich manchmal, dass ich das Reden Gottes suche mit einer Herzenshaltung, als wäre ich auf einer Dienstbesprechung mit einem Vorgesetzten: Ich will mir nur meine Arbeitsaufträge für den Dienst in seinem Reich abholen. Aber der himmlische Vater wünscht sich eine vertraute Herzensbegegnung mit uns. Jesus suchte gerade in Zeiten der Trauer und des Schmerzes, wie nach der Hinrichtung seines Cousins Johannes, die ungestörte Gemeinschaft mit seinem himmlischen Vater[225]. Den intimsten Einblick in Jesu „Abba-Zeit",

---
221 Ich habe einen praktischen Weg in diese Gegenwart zu kommen unter dem Stichwort „Soaking" im Abschnitt über den fordernden Vater bereits beschrieben.
222 Markus 1, 35; Lukas 4, 42
223 Johannes 5, 19
224 Matthäus 3, 17 + 17, 5
225 Matthäus 14, 13+23

Frage 4: Wie kann ich die Zeit der Erziehung durchstehen?

also die Zeit, die er mit seinem himmlischen Vater alleine verbrachte, gibt uns das sogenannte Hohepriesterliche Gebet[226]. Jesus betet kurz vor seiner Gefangennahme für seine Nachfolger aller Zeiten[227], dass sie den „allein wahren Gott ...erkennen"[228] mögen. Erkennen kann nach biblischem Verständnis immer nur in einer engen Beziehung stattfinden. Jesus nimmt in dieser Fürbitte seine Nachfolger in seine Beziehung zum Vater hinein und stellt ihnen Gott als ihren „gerechten Vater"[229] vor. Dabei macht Jesus eine fast unglaubliche Aussage: Die Liebe, mit der ich als der einzigartige Sohn von meinem Vater im Himmel geliebt werde, diese gleiche Liebe sollt auch ihr als meine Nachfolger von meinem Abba empfangen[230]. Bitte höre genau hin, was Jesus uns hier sagt, denn es ist vielleicht das Wichtigste, was du in meinem Buch verstehen musst: Dein und mein Papa im Himmel, Abba-Gott, der Vater Jesu Christi, liebt dich genauso, wie er Jesus liebt! Das gilt dir, gerade jetzt. Dabei ist es ganz gleich, ob du dich Gott im Moment sehr nahe fühlst oder ob du denkst, du bist Lichtjahre von ihm entfernt. Diese unvergleichliche Liebe deines himmlischen Vaters gehört dir, ganz gleich, ob du diese Zeilen in deiner speziellen „Abba-Zeit" auf dem Sofa liest oder ob du dich gerade auf einem anderen „Stillen Örtchen" befindest. Ich weiß, das ist schwer zu glauben, aber es ist die Wahrheit der Bibel. Deshalb lade ich dich ein, mit mir halblaut zu beten:

Lieber Vater im Himmel, geliebter Papa, mein Abba, danke, dass Du mich gerade jetzt so liebst, wie Du Deinen Sohn Jesus liebst! Bitte hilf

---

[226] Johannes 17, 1-26 Hohepriesterlich, weil Jesus hier nicht für sich betet, sondern in der Fürbitte für seine Nachfolger aller kommenden Generationen eintritt.
[227] Johannes 17,20 Damit ist jeder in die Fürbitte Jesu eingeschlossen, der an ihn als seinen Erretter glaubt.
[228] Johannes 17, 3
[229] Johannes 17, 25
[230] Johannes 17, 24-26 Es lohnt sich, diese Verse immer wieder betend zu lesen, damit die Liebe des Vaters immer tiefer ins Herz dringt.

Kapitel 4: Die erziehende Liebe des himmlischen Vaters

> *mir, dass ich diese wunderschöne Tatsache immer mehr mit meinem Herz glauben kann. Ja, es ist wahr, Du liebst mich so, wie du Deinen Sohn Jesus liebst, ich danke Dir so sehr dafür!*

Ein Schlüssel, an die Liebe des Vaters mehr zu glauben, war für mich, sein persönliches Reden in meinem Herzen immer mehr zu hören. Auf dem Weg dorthin habe ich viel von den biblisch fundierten Lehren von Mark und Patti Virkler profitiert[231]. Sie erklären in vier simplen Schritten anhand von Habakuk 2, 1+2, dass wir erstens unser Herz auf Jesus oder den himmlischen Vater ausrichten müssen und dann zweitens Gottes Reden in unsere eigenen Gedanken hinein erwarten sollen. Nach biblischem Verständnis sind die Gedanken ja ein Teil unseres Herzens[232]. Als dritten Schritt ermutigen Mark und Patti dazu, die Sätze, die oft wie ein Fluss in unsere Gedanken hinein kommen, direkt niederzuschreiben. Erst nachdem der Gedankenstrom geendet hat sollen wir viertens das Geschriebene prüfen, ob die Botschaft dem Wort und Wesen Gottes entspricht. Er wird beispielsweise niemals Worte der Verdammnis zu dir sprechen[233]. Eine große Hilfe ist es, wenn ein erfahrender Christ die Dinge prüft, die du in deinen Gedanken wahrgenommen hast. Das gilt besonders, wenn du auch Handlungsanweisungen oder Korrektur im Reden Gottes empfindest.

> *Ich lade dich ein, jetzt ganz praktisch Gott eine Frage zu stellen und aufzuschreiben, welche Gedanken dir als Antwort von ihm ich den Sinn kommen. Hole dir ein Blatt Papier oder dein geistliches Tagebuch und schreibe:*

---

[231] Ausführliches Material dazu findet sich im Internet. Mark und Patti Virkler, „Gemeinschaft mit Gott" oder "4 Keys to hearing God".
[232] 1 Mose 6, 5; 1. Mos. 27, 41
[233] Römer 8, 1

Frage 4: Wie kann ich die Zeit der Erziehung durchstehen?

Ich: Abba-Gott – lieber Vater im Himmel, was empfindest Du gerade jetzt für mich?
Abba-Gott: ...

Ich sammle diese Liebesbriefe von Abba-Gott an seinen geliebten Sohn Marcus in meinem geistlichen Tagebuch. So werde ich immer wieder beim Lesen ermutigt und mein Herz kann weiter heilen. Klar, Menschen haben auch mich ungerecht behandelt. Manche haben schlecht über mich gedacht oder geredet. Meinem irdischen Vater gelang es in meiner Kindheit nur selten, die Worte zu finden, die mein Herz gestärkt hätten (später lernte er es). Aber Abba-Vater im Himmel sagt immer wieder: „Mein lieber Sohn, ich liebe dich so sehr, ich bin stolz auf dich ....". Das zu hören lässt mein und dein Herz heil werden.

Josef war ein Mann, der die Stimme Gottes hören konnte. Die prophetischen Träume in seiner Jugend, sein Gelingen im Dienst des Potifar und seine Fähigkeit, Träume auszulegen, sprechen in dieser Hinsicht eine deutliche Sprache. Josef wusste, dass das Deuten von Träumen „Gottes Sache"[234] ist und er war geübt darin, sich die Auslegung der Träume bei Gott abzuholen. Offenbar war sein inneres Ohr durch alle Krisen hindurch dicht am Herzen von Abba-Gott geblieben, so dass der ein gewaltiges Werk der Heilung im Herzen Josefs hatte tun können. Wir bekommen ein Zeugnis dieser Heilung, wenn wir uns die Namen seiner zwei Söhne etwas genauer ansehen. Josef war Anfang dreißig[235], als er diese Namen auswählte. Seit dem Verrat durch seine Brüder waren bis dahin über dreizehn Jahre vergangen, von denen viele von tiefer Not geprägt waren.

---

234 1. Mose 40, 8, auch 1. Mose 41, 38
235 1. Mose 41, 46

Kapitel 4: Die erziehende Liebe des himmlischen Vaters

Seinen ersten Sohn nannte Josef

> „Manasse: Denn Gott hat mich vergessen lassen all meine Mühe und das ganze Haus meines Vaters."[236]

Josef spricht hier von dem göttlichen Trost, der in sein Leben gekommen ist. Beim Betrachten der Güte des himmlischen Vaters in seinem Leben trotz aller menschlichen Verletzungen, bekommt Josef Frieden über die schmerzvolle Vergangenheit. Dabei hat er nicht die Erinnerung verdrängt oder gar seine Familie aus seinem Herzen verbannt. Das zeigt die weitere Geschichte mit seinem Vater und seinen Brüdern. Aber im Rückblick erkennt er, dass Gottes Vaterhand in allem schützend dabei war. So wurden seine Dankbarkeit und sein Frieden größer als die Wunden, die ihm Menschen zugefügt hatten.

Wenn du möchtest, kannst du jetzt im Sinne Josefs beten:

> *„Abba-Vater, ich verstehe vieles nicht, was mir zugefügt wurde, aber so ging es Josef ja auch. Ich will, wie er, nicht länger aufrechnen und mich von den Verletzungen der Vergangenheit bestimmen lassen. In diesem Sinne will ich ‚vergessen'. Danke, dass Du wie bei Josef auch bei mir in jeder Grube, in jeder Sklaverei und in jedem Gefängnis mit dabei warst. Danke für alle väterliche Erziehung, die mitten in notvollen Situationen und Ungerechtigkeit von Menschen verborgen war. Danke, dass ich jetzt Segen von Dir empfangen darf und der Schmerz der Vergangenheit kleiner wird, denn Du bist ein Vater, der die Herzen mit Gutem sättigt[237]. Bitte lege Deine liebende Hand jetzt auf mein verwundetes Herz".*

---

236 1. Mose 41, 51 Manasse, d.h. der vergessen lässt (Fußnote revidierte Elberfelder Bibel)
237 Psalm 103, 5

Frage 4: Wie kann ich die Zeit der Erziehung durchstehen?

Ich lade dich ein, einfach noch einen Moment still zu sein, um dem Trost und der Heilung durch Abba-Gott in deinem Herzen Raum zu geben. Vielleicht gibt er dir gerade jetzt Worte der Ermutigung in deine Gedanken. Wenn du solche Gedanken bekommst, schreibe sie direkt auf, denn es sind seine Berührung und sein Reden, die Heilung bringen.

Seinem zweiten Sohn gab Josef den Namen

> *„Ephraim: Denn Gott hat mich fruchtbar gemacht im Lande meines Elendes."*[238]

Mit dem Namen seines ersten Sohnes drückte Josef aus, dass Gott seine Vergangenheit geheilt hatte. Mit der Namenswahl für seinen zweiten Sohn blickt er in die Zukunft: Dabei ist Josef erfrischend ehrlich: Ja, es war für mich ein Land des Elendes, in dem ich ein rechtloser Sklave war. Bis heute vermisse ich meinen Vater, meine Mutter und meine Geschwister. Doch Josef bleibt nicht beim Blick in den Rückspiegel hängen, sondern er schaut vertrauensvoll nach vorne. Gott hat mich gesegnet und eine wunderbare Zukunft vor mir ausgebreitet. An diesem Punkt kommt die Erziehung durch Abba-Gott zu ihrem Ziel: Er bereitet uns für unsere Zukunft vor. Wenn unsere Erziehung, oder zumindest ein Teil davon, abgeschlossen ist, können wir uns oft an ganz greifbaren Segnungen freuen. Das war auch bei Josef so. In seiner zweiten Lebenshälfte wurde der ehemals einsame hebräische Sklave Ehemann, Vater und Vizekönig des größten Reiches seiner Zeit. Es kam sogar zu einer tiefgreifenden Versöhnung mit seiner Familie, die ohne die vorherige Heilung seines Herzens

---

238 1. Mose 41,52 Ephraim, d.h. Fruchtland, Weideland (Fußnote revidierte Elberfelder Bibel)

Kapitel 4: Die erziehende Liebe des himmlischen Vaters

undenkbar gewesen wäre. Josef ist ein Mann, den wir mit Recht um die Segnungen seiner zweiten Lebenshälfte beneiden können, aber die göttliche Erziehung bereitet uns für eine noch weit größere Segnung vor. Gottes Ziel ist es, dass wir die Ewigkeit mit ihm verbringen und dort Lohn[239] von ihm empfangen. Wir wissen nicht genau, was Josef schon vom Himmel verstand[240], doch eines war ihm auf jeden Fall klar: Es gibt ein Land der Verheißung, in das ich gehöre. Und selbst, wenn ich es in diesem Leben nicht mehr erreiche, möchte ich auf jeden Fall da ankommen. Deshalb befahl Josef, dass seine Nachkommen seine Gebeine mitnehmen sollten, wenn sie als Volk einmal zurück nach Kanaan gingen. Seine Lebensreise zielte auf das gelobte Land, das Gott seinen Vätern versprochen hatte[241]. Wir können von Josef lernen, dass Gottes Verheißungen größer sind als die Spanne unserer Lebensjahre. Damit gibt er uns einen prophetischen Hinweis, dass selbst die größten menschlichen Segnungen nur ein schwacher Abglanz dessen sind, was Abba-Vater für uns bereit hält: Er hat himmlische Wohnungen für uns und Jesus ist schon voraus gegangen, damit wir darin einziehen können[242].

Abba-Gott war mit Josef einen langen Weg der Erziehung gegangen, denn er hatte eine gewaltige Aufgabe für ihn. In Josefs Hand wurde viel Autorität gelegt und er sollte sie in der richtigen Weise ausüben. In seiner Zeit der Erziehung hatte Josef mehr als nur einige Lektionen über Leiterschaft gelernt, er hatte das Herz des himmlischen Vaters bekommen. Das bewährte sich, als sein alter Vater Jakob schließlich in Ägypten starb. Plötzlich bekamen seine Brüder Angst: Wird Josef sich jetzt doch noch für all das rächen, was wir ihm angetan haben? Schließlich muss er jetzt keine Rücksicht mehr auf unseren gemeinsamen Vater nehmen. Doch Josef blickte mit dem Herz und den Augen

---

239 1. Korinther 3, 14
240 Hebräer 11, 13-16+22 legen nahe, dass er zumindest schon eine Ahnung vom ewigen Leben hatte.
241 1. Mose 50, 25
242 Johannes 14, 2

Frage 4: Wie kann ich die Zeit der Erziehung durchstehen?

des himmlischen Vaters auf seine Vergangenheit. Er wusste, dass seine Heilung nicht darin lag, es den Übeltätern heimzuzahlen. Rache bringt keinen Frieden ins Herz, auch wenn mancher Rachethriller im Kino eine andere Botschaft transportieren will. Josef hatte Frieden, weil er Gottes Segenspur in seiner Geschichte entdecken konnte. Dieser Friede bahnte auch seinen Brüdern einen Weg in die Zukunft:

> *„Ihr zwar, ihr hattet Böses gegen mich beabsichtigt; Gott aber hatte beabsichtigt, es zum Guten zu wenden, damit er tue, wie es an diesem Tag ist, ein großes Volk am Leben zu erhalten. Und nun, fürchtet euch nicht! Ich werde euch und eure Kinder versorgen. So tröstete er sie und redete zu ihrem Herzen."*[243]

Für Josef war die Zeit seiner Erziehung durch Abba-Gott manchmal unglaublich hart und vermutlich dachte auch er ab und zu, ich halte es nicht mehr aus. Doch Josef hielt sich immer nah an seinen himmlischen Vater, selbst wenn er die Umstände nicht verstand. So wurde er nicht ein Opfer der Bitterkeit, sondern konnte durch sein Leben ein gewaltiger Segen für seine Familie, seine Nation und den halben Orient werden. Ich weiß nicht, was Gott durch dich vorhat, aber es lohnt sich, in Erziehungszeiten durchzuhalten. Manchmal ist der Segen, den wir dann für andere hinterlassen, viel größer als wir uns je hätten vorstellen können. Es kann sein, dass wir die stärksten positiven Auswirkungen unseres Lebens auf andere noch nicht einmal mitbekommen. Bei Josef trifft das auf jeden Fall zu: Weil er das Volk der Israeliten am Leben erhalten hatte, konnte Jahrhunderte später Jesus Christus geboren werden – der Retter der ganzen Welt. Selbst, wenn das vermutlich nicht ganz deine und meine geistliche Kragenweite ist – unterschätze nicht den Segen, den Gott durch dich in dieser Welt

---
243 1. Mose 50, 20+21

Kapitel 4: Die erziehende Liebe des himmlischen Vaters

hinterlässt. Vielleicht hast du heute einer total genervten Verkäuferin ein Lächeln geschenkt und sie mit ein paar Worten ermutigt. Du konntest das tun, obwohl es dir selbst nicht gut ging, weil Abba-Gott in seiner Erziehungszeit dein Herz geformt hat. Ich glaube, dass diese kleine Handlung deines gereiften Herzens gewaltige Auswirkungen im Leben dieser Frau haben kann – denn sie wurde durch dich von der Liebe des himmlischen Vaters berührt. Das ist nur ein kleines, erfundenes Beispiel, wie durch dein vom Abba-Gott verändertes Herz Segen in zwischenmenschlichen Begegnungen freigesetzt wird, der einen großen Unterschied im Leben von Menschen macht.

Als ich dieses Kapitel über die Erziehung durch Abba-Gott begann fragte ich ihn, was ihm für diesen Abschnitt auf dem Herzen liegt. Ich schließe das Kapitel mit den Worten, die ich dann als sein Reden in meine Gedanken hinein empfand:
„Mein Sohn ... Meine Kinder sind Königskinder, aber sie werden nicht mit einem silbernen Löffel im Mund geboren, sondern in die Hände ihres Vaters[244], der sie auf allen Wegstrecken ihres Lebens führt und hält. Nicht eine Sekunde bin ich nicht bei meinen Kindern, nicht eine Sekunde brennt mein Herz nicht vor Liebe. Das müssen meine Söhne und Töchter wissen, besonders, wenn ich sie korrigiere."

Ich bete dafür, dass du tief in deinem Inneren weißt, dass das Herz des himmlischen Vaters jede Sekunde voller Liebe für dich brennt. Ganz besonders soll dich diese Gewissheit erreichen, wenn du gerade in einer Zeit der Korrektur oder Erziehung steckst. In allem was Abba-Gott tut, ist er für dich! Weil der Vater im Himmel sich mit radikaler Liebe nach dir sehnt, hat er nicht einmal das Leben seines Sohnes Jesus geschont – am Kreuz wurde alles Trennende zwischen Abba-Gott und dir beseitigt.[245]. Könnte der Vater mehr geben, um dir seine Liebe zu beweisen? Vergiss bitte nicht, dass Gott ein Vater voller Gefühle ist[246]. Wie groß muss der Schmerz im Herzen des

---
244 Psalm 22, 10
245 Römer 8, 31-39
246 z.B. Johannes 3, 35; Zefanja 3, 17; Römer 1, 18

Frage 4: Wie kann ich die Zeit der Erziehung durchstehen?

Vaters im Himmel gewesen sein, als sein eingeborener Sohn Jesus, beladen mit deiner und meiner Schuld, ans Kreuz geschlagen wurde! Ich glaube, dass dieser Schmerz jede menschliche Vorstellung sprengt. Doch dieser dramatische Liebesbeweis des Vaters im Himmel endet nicht in der Depression, sondern in der Freude der Auferstehung und Gemeinschaft mit ihm. Als Jesus völlig freiwillig den Weg durch Leid und Schmerz wählte, wusste er im Vertrauen auf seinen Abba, dass dieser Pfad ihn in die „vor ihm liegende Freude"[247] führen würde. Selbst wenn die Hölle scheinbar gerade Ausgang in deinem Leben hat und du dich fühlst wie in einem schwarzen Loch von den Ausmaßen des Grand Canyon, lass dir diese Wahrheit nicht rauben: Dein Vater im Himmel möchte dich (zurück) in seine Freude bringen!

Herzlichen Glückwunsch, zumindest in meinem Buch bist du durch das anstrengende Kapitel der göttlichen Erziehung durch. Wenn du magst setze deshalb allen negativen Umständen zum Trotz ganz frech ein breites Grinsen auf und freu dich, denn jetzt kommt „Papas Party".

---

247 Frei nach Hebräer 12, 2

Kapitel 5

Papas Party - Herzliche Einladung zur Freude

Der Vater lädt zur Freude ein

Fromme Leute mit besorgten Mienen und tiefen Stirnfalten standen in Grüppchen zusammen und schauten zu Jesus herüber: Mit was für einem Pack gibt sich dieser Rabbi ab! Zöllner, offensichtliche Sünder, lauter Leute, die man eher auf verruchten Partys als in feierlichen Gottesdiensten findet. Vermutlich ist dieser Jesus selbst schon so einer wie dieses Gesindel[248]! Wenn ich mir die Situation vorstelle, die am Anfang des 15ten Kapitels im Lukasevangelium beschrieben wird, möchte ich Jesus am liebsten zurufen: Achtung Jesus, höchste Zeit wieder religiös-seriös zu werden! Du verlierst gerade die Unterstützung des gesamten geistlichen Establishments! Doch Jesus scheint meine Warnung nicht zu hören. Statt Rücksicht auf die kippende Stimmung unter den Frommen zu nehmen entschließt er sich, eine Geschichte von seinem Abba zu erzählen, der zu einer Tanzparty[249] einlädt - was für ein Skandal!
Vielleicht kennst du die Geschichte von den verlorenen Söhnen und dem liebenden Vater recht gut[250]. Bitte stelle sie dir doch trotzdem einmal wie einen Film auf deinem inneren Bildschirm vor: Da ist der lebenshungrige, jüngere Sohn, der total angeödet ist vom Leben auf dem Bauernhof seines Vaters. Innerlich hat er sich schon lange von seinem Vater zurückgezogen in der Überzeugung, dass das Leben, Spaß und Freude irgendwo zu finden sein muss, aber mit Sicherheit nicht bei seinem Alten. Endlich war er mutig genug und hat seinen

---
248 Lukas 15, 1 vgl. Lukas 7, 34
249 Lukas 15, 25, Die Übertragung „Willkommen daheim" benutzt an dieser Stelle den Begriff „Tanzmusik".
250 Lukas 15, 11ff

Der Vater lädt zur Freude ein

Plan durchgezogen – mit seinem Anteil am Erbe des Vaters zieht er los, um endlich Spaß am Leben zu haben. Schicke Klamotten, nur nichts verpassen, keine Party oder Erfahrung auslassen, irgendwo muss die Freude zu finden sein. Doch schließlich ist das Erbe verschleudert und eine brutale Wirtschaftskrise frisst noch seine letzten Rücklagen auf. Mit rasender Geschwindigkeit rutscht der junge Mann sozial immer weiter ab, seine letzten ihm gebliebenen „Freunde" haben vier Beine und einen Rüssel – er ist Schweinehirt. Tiefer konnte man in der jüdischen Gesellschaft nicht absteigen. Da sitzt er nun in tiefer Depression und starrt mit leerem Magen in den Futtertrog seiner neuen Kumpel. Jeder gute Film hat diesen Moment der totalen Krise, die das Potenzial hat, zum Wendepunkt zu werden. Der junge Mann besinnt sich und beginnt erstmals in seinem Leben, das großzügige Wesen seines Vaters zu erkennen: Selbst die einfachsten Arbeiter meines Vaters haben immer weit mehr zu essen, als sie brauchen[251]. Mit so geöffneten Augen macht er sich auf zu seinem Vater, der ihm schon von Weitem entgegenläuft. Wenn du den Film gut vor deinen inneren Augen hast, empfehle ich dir, jetzt die Taschentücher bereit zu halten, denn es kommt mein persönlicher Höhepunkt der Geschichte: Der liebende Vater und der verlorene Sohn liegen sich bestrahlt von der warmen Abendsonne in den Armen. Sie sind gleichzeitig überflutet vom Schmerz der langen Trennung und der herrlichen Freude, endlich wieder vereint zu sein. Nach orientalischer Art werden Küsse der Wiedersehensfreude ausgetauscht, Versöhnung ist spürbar bis in die letzte Faser des Seins. Vater und Sohn sind endlich wieder vereint in totaler Liebe und Nähe. Für diese Schlusseinstellung fährt die Kamera noch einmal dichter an das bärtige Gesicht des alten Vaters und das schmutzige des Sohnes heran. In meinem Film sehe ich Vater und Sohn Wange an Wange, die Gesichter von Tränen überströmt, tiefe innere Freude und Glück erfüllt die Szene. Als Filmmusik spielen leise Geigen und ganz sanft wird über dieses

---

251 Lukas 15, 17 wörtlich: „Überfluss an Brot"

Kapitel 5: Papas Party - Herzliche Einladung zur Freude

letzte Bild in geschwungenen Buchstaben der Schriftzug „The End" eingeblendet. Während das Bild langsam vor meinem inneren Auge verblasst, sitze ich mit einem verklärten Lächeln da und denke: Ja, so sehr liebt Abba-Gott auch mich!

Mein Lächeln ist völlig angemessen – diese Szene ist wirklich wunderschön. Mir standen fast die Tränen in den Augen, als ich sie aufgeschrieben habe. Aber etwas überrascht mich: Jesus beendet sein Gleichnis nicht mit dieser emotionalen Wiedervereinigung von Vater und Sohn. Offenbar fehlt noch etwas Wichtiges, um das „Happy End" perfekt zu machen. Der Sohn wird mit würdigen Kleidern versorgt und durch die Verleihung des Siegelrings wieder in seine alte Position eingesetzt und dann befiehlt der Vater:

> *„... bringt das gemästete Kalb her und schlachtet es, und lasst uns essen und fröhlich sein! Denn dieser mein Sohn war tot und ist wieder lebendig geworden, war verloren, und ist gefunden worden. Und sie fingen an, fröhlich zu sein."*[252]

Einige Verse später lesen wir, dass der Beat so laut aus dem Haus des Vaters wummerte, dass man die Musik noch ein paar Straßen weiter hören konnte. Kannst du dir vorstellen, wie die Leute mit ihren tiefen Stirnfalten jetzt geguckt haben?! Doch das war Jesus egal. Er hatte in seinem Geist die Worte von seinem Abba-Vater gehört[253]: „Lasst uns ... fröhlich sein." Es ist höchste Zeit, dass die Söhne und Töchter Gottes diese Einladung ihres himmlischen Vaters endlich umsetzen! Bis heute erinnere ich mich an ein Gespräch aus meiner Zeit im Gymnasium, das ich mit einem Klassenkammeraden führte.

---

252 Lukas 15, 23f
253 Vgl. Johannes 5, 19

Der Vater lädt zur Freude ein

Kapitel 5: Papas Party - Herzliche Einladung zur Freude

Er konnte sich vorstellen, dass es Gott und einen Himmel gibt, aber jetzt wollte er erst einmal leben und Spaß haben. Seiner Meinung nach könne er sich Gott immer noch zuwenden, wenn er einmal alt und klapprig sein würde. Offenbar hatten ich und andere Christen ihm einen Gott vermittelt, der nicht viel mehr als „die große Spaßbremse" ist! Auf diesen Gott wollte er vorläufig gerne verzichten! Ich bin überzeugt, dass Menschen sich Abba-Gott zuwenden werden, wenn Christen endlich anfangen, der Liebe und Großzügigkeit ihres himmlischen Vaters zu vertrauen und mit ihm fröhlich sind. Der hier im Grundtext verwendete Begriff für „sich freuen" bzw. „fröhlich sein" wird übrigens meist in Zusammenhang mit einem Festmahl mit guten Freunden verwendet[254]. Der Vater hat für dich eine ganz handfeste Freude, die nicht nur deinen Geist[255], sondern auch deinen Körper und deine Seele[256] erreicht. Es ist eine Freude, die dich immer mehr singen, tanzen und hüpfen lässt.

Vor ein paar Tagen bekam ich eine SMS von einer Mutter, die mit ihrem 9 jährigen Sohn bei mir zur Seelsorge war. Sie hatte sich mit ihm unterhalten, wie man Gott noch nennen kann. Hier im Original die Antwort ihres Sohnes: „‚Himmlischer Vater' nennt ihn der Flamencotänzer (!!!) aus der Gemeinde". Als ich die Nachricht las, musste ich kräftig schmunzeln. „Flamencotänzer" hatte mich noch nie jemand zuvor genannt. Der Begriff gefiel mir, schließlich ist Flamenco ein Tanz voller Liebe und Leidenschaft. Wenn ich allerdings wirklich Flamenco tanzen würde, wäre ich mangels Taktgefühl eine ernsthafte Gesundheitsgefährdung für die Füße jeder Tanzpartnerin. Aber dieser Junge meinte etwas anderes: Er hatte mich öfter im Gottesdienst beobachtet, wie ich voller Freude

---

[254] griechisch *euphrainomai* - Theologisches Begriffslexikon zum Neuen Testament, Begriff „Freude".
[255] Der innerste Kern des Menschen, der direkt mit Gott kommunizieren kann (vgl. Römer 8,16).
[256] Hier nicht im engen biblischen Sinn verwendet, sondern im allgemeinen, psychologisch geprägten Verständnis.

Der Vater lädt zur Freude ein

und Begeisterung während der Lobpreiszeit[257] vor Gott tanzte. Mein Stil sprengt dabei jedes Tanzschulprogramm und lehnt sich stattdessen an den großen Krieger, König und Liebhaber Gottes im Alten Testament an: „Und David tanzte mit aller Kraft vor dem HERRN"[258]. Seine Frau Micha verachtete ihn für dieses Jauchzen, Tanzen und Hüpfen[259]. Vielleicht sind auch heute mache „Fromme" etwas irritiert, wenn du anfängst, deine Freude an Gott nach außen sichtbar werden zu lassen. Fang doch einfach einmal an, in deinem Zimmer vor Abba-Gott zu tanzen. Ich bin überzeugt, dass er als dein Vater im Himmel viel Freude an den „Flamenco-Übungen" seiner Kinder hat.

Manchmal ist uns allerdings nicht nach Singen und Tanzen zumute, das geht mir auch nicht anders. Schwere Gefühle können sich mitunter an einen hängen wie ein ganzes Bataillon Blutegel. Deshalb lade ich dich jetzt ein, einen bewussten Standpunkt einzunehmen: Wenn der Vater im Himmel sagt: „Lass uns fröhlich sein!", dann will ich auch fröhlich sein. Gefühle kommen nämlich nicht einfach aus dem Nichts. Das möchte ich dir an einem kleinen Experiment zeigen.

Denke jetzt bitte kurz mit geschlossenen Augen an den Tod eines geliebten Haustieres oder Menschen. Wie fühlst du dich jetzt? – vermutlich traurig.
Jetzt denke intensiv an einen Menschen, den du magst oder an ein schönes Erlebnis, an das du dich gerne erinnerst. Wie geht es dir jetzt? – vermutlich deutlich besser, oder?
Als ich den zweiten Teil der Übung für mich gemacht habe, hatte ich sofort das Gesicht meiner Frau Dagmar innerlich vor mir. Ich liebe sie und sie liebt mich. Es war nur ein kurzer Gedanke an sie, aber er wirkte sich sofort positiv auf meine Gefühle aus. Hättest du mir in diesem Moment gegenüber gesessen, hättest du das deutlich an der spontanen und symmetrischen Anhebung meiner Mundwinkel ablesen

---

257 Moderne Lieder, die als gesungene Gebete, oft mit Begleitung einer Band, zu Gott gesungen werden.
258 2. Samuel 6, 14
259 2. Samuel 6, 15+16

Kapitel 5: Papas Party - Herzliche Einladung zur Freude

können. Was empfindet deiner Meinung nach Gott über dich? Jesus gibt in dem Gleichnis eine Antwort: „… und sie fingen an, fröhlich zu sein". Glaubst du, dass Abba-Gott fröhlich ist, wenn er dich anschaut? Oder meinst du, er sitzt im Himmel und blickt auf dich herab, als wenn ihm nicht nur die berühmte Laus, sondern gleich eine ganze Elefantenherde über die Leber gelaufen wäre? Wenn du Gott so vor Augen hast, wird es für dich vermutlich ein „klein wenig" schwierig sein, in seiner Gegenwart Freude zu empfinden. Doch die Wahrheit ist: Dein himmlischer Papa freut sich wie verrückt über dich! Nicht nur an dem Tag, an dem du zu ihm umgekehrt bist und auch nicht nur ein ganz bisschen oder nur ganz leise. Die Bibel sagt:

> *Gott „freut sich über dich in Fröhlichkeit, … er jauchzt über dich mit Jubel"*[260]

Das gilt jeden Tag neu. Die Worte in diesem Vers überschlagen sich geradezu vor Begeisterung über dich. Und er möchte dich mit seiner Begeisterung und Freude anstecken.

Vielleicht kannst du dir jetzt schlecht vorstellen, dass diese Freude gerade dir gilt. Zuhause wurdest du nur als Last empfunden. Wenn Papa seinen „heiligen" Mittagsschlaf hielt, mussten alle in der Wohnung fast zu Tode erstarren. Falls du einmal einen Wunsch äußertest, warf er dir nur einen gequälten Blick zu: „Jetzt willst du auch noch was von mir." Oft hast du die Botschaft gespürt, dass du sowieso nicht geplant warst. Deine Eltern waren noch gar nicht bereit für ein Kind, sondern wollten eigentlich erst selbst einmal richtig auf den Putz hauen. Vielleicht machte dein Vater sich aus dem Staub, als er

---

[260] Zefania 3, 17. Die Stelle spricht zuerst von der Wiederherstellung Israels. Aber sie gilt auch den Menschen, die durch das Opfer Jesu Christi Kinder des himmlischen Vaters wurden und damit zu ihrer schöpfungsgemäßen Bestimmung wiederhergestellt wurden.

Der Vater lädt zur Freude ein

von deiner Existenz erfuhr oder Mama und Papa waren viel zu alt und müde, um auch dich noch groß zu ziehen…. In diesen wenigen Sätzen stecken viele Geschichten mit unseren leiblichen Vätern, die ich selbst gehört habe. Wenn auch dein Vater oder deine Eltern Mühe hatten, sich über deine Existenz zu freuen, lade ich dich ein, mit mir zu beten:

> *„Lieber himmlischer Vater, Abba-Gott, es fällt mir total schwer zu glauben, dass Du begeistert und mit Freude erfüllt bist, wenn Du an mich denkst. Oft fühle ich mich so, als wärest Du genauso uninteressiert mir gegenüber oder sogar genervt, wie es mein irdischer Vater war. Ich vergebe meinem Vater, dass er mir so wenig von Deiner Begeisterung über mich gespiegelt hat. Weil ich darauf vertraue, dass Du, himmlischer Vater, mein Herz zutiefst verstehst, bitte ich Dich, dass Du auch mir in den Bereichen vergibst, in denen ich innerlich bitter gegen meinen irdischen Vater wurde und mich von ihm abgewandt habe. Abba, Du bist mein Vater im Himmel. Dein Sohn Jesus ist am Kreuz gestorben, damit ich frei werde von den alten Lügen. Deshalb löse ich mich jetzt von den Lügen, dass niemand sich für mich interessiert, ich nur störe oder eine Last bin. Du liebst mich und bist begeistert von mir. Nichts kann Dich hindern, mich mit Deiner Freude an mir anzustecken. Ich möchte jetzt in meinem innersten Kern, meinem Geist, erfassen, wie sehr Du Dich an mir freust."*

Nimm dir jetzt einen Moment Zeit indem du die Augen schließt und es dem himmlischen Vater erlaubst, dir seine Begeisterung über dich zu zeigen. Möglicherweise gibt er dir innerlich Bilder oder Worte, die du aufschreiben kannst. Vielleicht zeigt er dir aber auch einfach seine vor Freude leuchtenden Augen[261], mit denen er dich anschaut.

---
[261] Vgl. 4. Mose 6, 25

Kapitel 5: Papas Party - Herzliche Einladung zur Freude

Lies nicht einfach weiter, sondern genieße diesen Augenblick mit deinem himmlischen Vater.

Nah dran – und doch weit weg

Bisher habe ich noch gar nicht den Blick zu der tragischen Gestalt der Geschichte gelenkt, dem älteren Sohn. Ich mag ihn und bin der Meinung, dass er in vielen Predigten viel zu schlecht wegkommt. Er steht jeden Morgen auf und macht verantwortungsvoll seinen Job. Er ist treu, er ist sparsam, und nachdem der jüngere Bruder weg war, hatte er vermutlich fast doppelt so viel Arbeit wie zuvor. Dieser Mann schafft für zwei und bei alledem geht er abends noch nicht einmal mit seinen Kumpeln einen trinken. Falls du eine Tochter hast, sage ich dir: Dieser Mann ist der perfekte Schwiegersohn!

In dem Gleichnis, das Jesus hier erzählt, steht der Vater symbolisch für Abba- Gott. Der ältere Sohn ist also eine Person, die tagein und tagaus für Gott tätig ist. Wenn du an den treuesten und fleißigsten Mitarbeiter oder eine entsprechende Mitarbeiterin in deiner Kirchengemeinde denkst, bekommst du eine kleine Ahnung von dem, was dieser ältere Bruder geleistet hat. In vieler Hinsicht ist er ein echtes Vorbild, aber bei allem Dienst hatte er das Wichtigste aus den Augen verloren. Ich weiß, dass ich an diesem Punkt immer wieder auch selbst gefährdet bin. Einmal half mir Abba-Gott durch eine prophetische Botschaft[262], die mir ein Mann persönlich weitergab, der mich so gut wie gar nicht kannte: „Du arbeitest viel im Garten des Vaterhauses. Der Vater lädt dich ein, mit ihm jeden Tag im Garten spazieren zu gehen (vgl. 1. Mose 3, 8)." Das traf mich! Ich merkte, dass mein Herz oft wie das des älteren Bruders war. Zwar saß er als Sohn jeden Morgen mit seinem Vater am Frühstückstisch, aber sein Herz war weit weg

---

262 Diese Botschaft war ein Wort der Erkenntnis, ein übernatürlicher Einblick, den Gott in das Leben eines Menschen gibt, damit der sich von Gott gesehen und erkannt weiß (vgl. 1. Korinther 12, 8).

von ihm. Er arbeitete für den Vater, aber er genoss nicht einfach die Gemeinschaft mit ihm. Bei allem Eifer für den Dienst wohnten tief in seinem Herzen Misstrauen und Bitterkeit gegenüber seinem Vater:

> *„Er aber antwortete und sprach zu dem Vater: Siehe, so viele Jahre diene ich dir, und niemals habe ich ein Gebot von dir übertreten; und mir hast du niemals ein Böckchen gegeben, dass ich mit meinen Freunden fröhlich gewesen wäre;…"*[263]

Der ältere Sohn konnte sich gar nicht vorstellen, dass der Vater so großzügig ist und ein Kalb für ihn übrig hätte, er wäre schon mit einem Böckchen zufrieden gewesen. Überhaupt wollte er lieber mit seinen Freunden alleine feiern, den Vater brauchte er dabei nicht. Vater und feiern – das passte irgendwie für ihn nicht zusammen. Schon der Klang der Tanzmusik machte den Sohn skeptisch, als er von der harten Feldarbeit nach Hause kam. Aber anstatt direkt zum Vater zu gehen, rief er einen seiner Knechte: „Was ist denn da los?"[264] Wenn die direkte Kommunikation zum Vater gestört ist, ist das immer ein Warnsignal, dass es Misstrauen in unserem Herzen gibt[265]. Als der Knecht vom Fest für den heimgekehrten jüngeren Sohn berichtete, regte sich im Herzen des Älteren keine Freude über den zurückgewonnenen Bruder. Er konnte sich auch nicht mit seinem Vater freuen, dass dieser seinen Sohn wieder hatte[266], sondern in ihm brach seine ganze Vorstellung von Gerechtigkeit zusammen: „Was, ein Fest?! Das hat dieser Typ doch wirklich nicht verdient! Das ist

---

263 Lukas 15, 29
264 Lukas 15, 25+26
265 Viel dieses Misstrauens ist durch den „Sprung in der Brille" (Kap. 3) in unser Herz gekommen.
266 Vgl. Lukas 15, 30+32 Der Ältere nennt ihn „dein Sohn", aber der Vater will ihn dafür gewinnen, ihn als seinen „Bruder" zu erkennen.

Kapitel 5: Papas Party - Herzliche Einladung zur Freude

doch nicht gerecht."[267] Kannst du den älteren Bruder verstehen? Mir jedenfalls ist seine Haltung erschreckend vertraut.

Wie ich schon geschrieben habe, war ich in 2001 mit meiner Frau in Toronto zu einer Jüngerschaftsschule mit dem passenden Namen „Schule des Herzens". Wir waren noch nicht lange angekommen, als mich etwas sehr irritierte: Junge Mitstudenten erlebten in spontanen Gebetszeiten große, scheinbar völlig unbegründete Freude. Diese gerade einmal mit Mühe und Not volljährigen Kerle lachten ausgelassen, während sie füreinander beteten. Sofort meldeten sich kritische Gedanken in meinem Herzen: „Diese Typen, die sind ja sowas von unreif! Die bauen so viel Mist, teilweise benehmen sie sich voll daneben, auch gegenüber den Leitern der Schule. Die haben auch garantiert noch nie die Last des geistlichen Dienstes getragen. Ich bin immerhin ein voll ausgebildeter Pastor, schon über dreißig Jahre alt und habe sieben Jahre mit aller Kraft einer Gemeinde gedient. Was die da erleben, das kann unmöglich die Freude im Heiligen Geist sein. Wenn diese Freude von Gott ist, dann würde ich sie auch erleben, schließlich hätte ich sie viel mehr verdient als diese Gestalten." Heute steht mir ein Schmunzeln im Gesicht, wenn ich daran denke, wie mächtig der ältere Sohn sich damals in mir zu Wort meldete. Als wenn die Liebe und Gnade des himmlisches Vaters nicht Grund genug wären, vor Freude laut zu lachen. Diese von Abba-Gott geliebten großen Jungen erlebten damals einfach ganz praktisch einige spürbare Auswirkungen der Gegenwart Gottes[268]. Schon die Beter der Psalmen kannten diese Freude.

---

267 Nach Lukas 15, 30
268 Exkurs: Freude und Lachen im Heiligen Geist. 1. Chronik 16, 27: Kraft und Freude in der Gegenwart Gottes. Psalm 68, 4: Frohlocken (wie auch immer das aussieht) vor dem Angesicht Gottes. Apostelgeschichte 2, 13 vgl. Epheser 5, 18: Die Auswirkungen der Gegenwart Gottes im Heiligen Geist konnten offenbar mit denen von Weinkonsum verwechselt werden, wo manchmal auch eine scheinbar unbegründete Heiterkeit aufkommt. Apostelgeschichte 13, 52: Erfüllung mit Freude und Heiligem Geist (beides ging miteinander und wurde scheinbar auch spürbar). Das Phänomen des Lachens in der Gegenwart Gottes ist ausführlich diskutiert worden, u.a. bei John Arnott, Der Segen des Vaters, Kapitel 3. Es gibt allerdings auch ein spöttisches oder ungläubiges Lachen (1. Mose 18,12), dass Gott

> *„…Fülle von Freuden ist vor deinem Angesicht, Lieblichkeiten in deiner Rechten immerdar."* [269]
> *„Da wurde unser Mund voll Lachen und unsere Zunge voll Jubel. Da sagte man unter den Nationen: Der HERR hat Großes an ihnen getan!"* [270]

Diese Freude ist ein Geschenk der Gnade Gottes. Im Gleichnis verpasste der ältere Sohn diese Freude, weil er alle Kraft dahinein investierte, sich mit eigener Anstrengung wenigstens ein „Böckchen" Freude zu verdienen[271]. Kennst du auch diese Stimme in dir: Himmlischer Vater, ich hätte Freude verdient, ich hätte Segnungen verdient, ich hätte dein Eingreifen und deine Gunst verdient. Doch stattdessen komme ich mir vor wie das Aschenputtel. Ich schufte, und die anderen dürfen auf den Ball gehen und haben Spaß.
Manchmal habe ich sogar Leute beneidet, die den Vater im Himmel gar nicht kennen. Offenbar lebt der ältere Sohn auch in meinem und vielleicht auch in deinem Herzen und meldet sich mit dieser Stimme zu Wort. Weil das so ist, ist es so entscheidend wichtig, bei der Antwort des Vaters genau hinzuhören:

> *„Kind, du bist allezeit bei mir, und alles, was mein ist, ist dein."* [272]

---

aber in ein Lachen aus Freude und Dankbarkeit verwandeln kann (1. Mose 21,6)! Psychologisch gesehen gibt es ein hysterisches Lachen, das als seelischer Verarbeitungsversuch einer bedrängten Seele verstanden werden kann. Davon mag auch manches in Gottesdiensten zu hören sein. Wie viel mehr aber möchte Gott durch sein Lachen unser Inneres heil machen. Lachen ist nun mal der natürlichste Ausdruck von Freude.
269 Psalm 16, 11 Freuden sind in der Mehrzahl genannt, also ganz konkrete Erfahrungen.
270 Psalm 126, 2 Der Hinweis auf die Nationen zeigt, dass Freude immer auch ein evangelistisches Potenzial hat.
271 Lukas 15, 29
272 Lukas 15, 31

Kapitel 5: Papas Party - Herzliche Einladung zur Freude

Kind – das ist das erste Wort, mit dem der Vater dem älteren Sohn begegnet. Du bist doch mein Kind! Nicht eine Sekunde stellt der Vater die Kindschaft des Älteren in Frage. Gerade, wenn du dich wie ich öfter in dem älteren Sohn wiederentdeckst, nimm diesen Zuspruch von Abba-Gott ganz in dein Herz: Du bist mein echtes Kind[273], du bist kein Aschenputtel. Du gehörst zu mir, dem ewigen Vater[274], Schöpfer des Himmels und der Erde. Ich liebe dich, mein Herz ist zu 100% für dich, begreife es doch endlich! Lass doch unsere Vater-Sohn oder Vater-Tochter Beziehung die Quelle deiner Freude sein. Es geht nicht darum, ob der andere das „Mastkalb" verdient hat. Es geht ausschließlich darum, dass ich mich so freue, dass die Beziehung zu meinem Sohn wieder lebendig ist[275]. Und nebenbei gesagt: Alles was mein ist, ist dein. Ich enthalte dir nichts Gutes vor! Wenn ich Grenzen setze, dann zu deinem Schutz. Fang doch an, vertrauensvoll von mir zu empfangen. Nimm neu von meiner Liebe und Zuneigung, die so viel mehr Freude bringt als Reichtum und Besitz[276]. Ich möchte dich auch immer wieder ganz praktisch segnen, denn ich bin der großzügigste Vater auf der ganzen Welt.

Ich bin überzeugt, dass ein großes Stück vom Kalb für den älteren Sohn reserviert war, er musste es sich nur abholen. So hat der Vater auch für dich Dinge reserviert, wie beispielsweise schöne Begegnungen, Geschenke von Menschen, vielleicht einen Urlaub oder die Wohnung, die zu dir passt. Ich lade dich ein, den Neid auf die Anderen gegen das Vertrauen auf den großzügigsten Papa der Welt einzutauschen. Fang an wie ein Kind zu beten und du wirst staunen, wie gerne Abba-Gott gute Gaben gibt. Doch die wichtigste Quelle deiner Freude ist immer er selbst und seine Liebe zu dir.

---

273 Im Grundtext steht hier ebenfalls am Satzanfang das griechische Wort *teknon*. Ein Wort, das von „gebären" abgeleitet ist und betont, dass es ein leibliches Kind ist. Begriffslexikon zum Neuen Testament, Begriff „Kind"
274 Jesaja 9, 5
275 Lukas 15, 32
276 Psalm 8, 4: Du hast Freude in mein Herz gegeben, mehr als jenen zu der Zeit, da sie viel Korn und Most haben.

Nah dran – und doch weit weg

Da die Stimme des älteren Bruders sehr stark in mir war, kam Abba-Gott mir in Toronto einmal auf sehr spezielle und liebevolle Weise entgegen. Nach einem Vortrag betete der Bibellehrer[277] persönlich für jeden Einzelnen, der mehr mit der Liebe und Freude Gottes erfüllt werden wollte. Dieser Mann war ein ruhiger und entspannter Charakter, so dass ich mich gut bei ihm aufgehoben fühlte. Während seines Gebetes für mich erschien ein kleines Lächeln auf meinem Gesicht – offensichtlich kam schon etwas von der Freude an. Er betete weiter und ich spürte die Kraft Gottes, die mich sanft zu Boden drückte[278], so dass ich mich setzen musste. Immer mehr erfüllte die Freude Gottes mein Inneres. Schließlich fing ich an laut zu lachen und bekam prustend vor Freude kaum noch Luft. Die jungen Leute aus der Schule – du weißt schon, diese sowas von unreifen Typen - hatten viel Spaß dabei, die deutsche Eiche namens Marcus endlich fallen zu sehen. Aber das Entscheidende war: Ich sah innerlich Jesus vor mir, wie er auf mich zeigte und sich dabei vor Lachen bog. All die aufgesetzte Seriosität und künstliche Ernsthaftigkeit, die ich meinte als Pastor haben zu müssen, fiel endlich von mir ab, sie wurde geradezu weggelacht. Jesus freute sich so sehr daran, dass aus dem fleißigen Sohn endlich ein fröhliches Kind des himmlischen Papas wurde.

Ich möchte dich an dieser Stelle ein bisschen herausfordern: Wenn du nicht mit Abba-Gott fröhlich sein kannst, könnte es daran liegen, dass du dich selbst einfach noch viel zu ernst nimmst!
Heißt das, dass es in meinem Leben keinen Fleiß und Stress mehr gibt? Oh doch, und manchmal bin ich auch richtig müde vom Dienst für und mit meinem himmlischen Vater. Es gibt auch Zeiten, da meldet sich der ältere Bruder in mir zu Wort, der sich etwas bei Gott verdienen will oder meint, er käme zu kurz.

---

277 Bob Edwards
278 Ein ähnliches Phänomen erlebten die Priester bei der Tempeleinweihung (1. Könige 8, 10f.). Das mit Herrlichkeit wiedergegebene Wort (hebr. *Kabod*) meint ursprünglich „Schwere", und in diesem Sinne dann auch Ehre, Anerkennung, Würde, Herrlichkeit, Majestät (Elberfelder Studienbibel AT, Begriff „*kabod*", Nr. 3593).

Kapitel 5: Papas Party - Herzliche Einladung zur Freude

Eine Erfahrung ersetzt nicht den Prozess der Umgestaltung unseres Herzens und trotzdem macht es so einen grundlegenden Unterschied, die Freude Gottes zu kennen. Es ist ganz egal, ob du diese Freude so körperlich überwältigend erlebst, wie ich sie damals in Toronto erfuhr, oder ob du sie ganz leise in deinem Herzen wahrnimmst. Die Freude ist der Schlüssel, um im Leben und Dienst für Abba-Gott nicht bitter zu werden.

Falls dir im Leben mit Gott manchmal bittere Gedanken kommen, lade ich dich ein, diesen Schlüssel praktisch anzuwenden. Lege einfach einen Moment alle Arbeit und allen Dienst für Gott zur Seite und fang an, dich ganz bewusst an deinem Vater im Himmel zu freuen. Danke ihm, dass du sein geliebtes Kind bist. Er freut sich wie verrückt über dich, gerade jetzt, wo du auf deinem Sofa liegst, im Bus sitzt oder wann immer du an ihn denkst. So gerne möchte er jetzt seine Liebe in dein Herz gießen[279]. Eine Liebe, der seine Freude folgen wird.

Freude unter erschwerten Umständen

Manchmal ist es ganz leicht sich zu freuen. Ein gesundes Kind wurde geboren, wir bekommen den erhofften Job oder es scheint am Wochenende einfach nur die Sonne. Unser Vater im Himmel liebt es, uns mit all diesen guten Gaben zu beschenken[280]. Er freut sich mit uns, wenn wir uns darüber freuen. Aber manchmal gilt es, sich unter erschwerten Umständen zu freuen. Das Auto geht kaputt und auf dem Konto sieht es ohnehin schon schlecht aus. Eine schwerwiegende Krankheitsdiagnose stellt alle Zukunftspläne in Frage oder wir sind gefangen in Arbeitslosigkeit oder Beziehungsproblemen. In solchen Situationen wird der Apostel Paulus mein persönlicher Held. Er war ein Mann von außergewöhnlicher Dynamik, der praktisch die ganze

---

279 Römer 5, 5 vgl. Lukas 15, 11ff: Aus Liebe umarmte der Vater den Sohn, dann führte er ihn ins Haus zum Freudenfest.
280 Matthäus 5, 45

damals bekannte Welt bereist hatte. Er kam aus gutem Hause, hatte die Privilegien eines römischen Bürgers[281] und eine absolut überdurchschnittliche Bildung genossen. In ihm brannte ein Feuer, die gute Nachricht von Jesus bis an die Enden der Erde zu tragen, wie wir es bei den zwölf Jüngern Jesu kaum sehen. Doch plötzlich saß er fest, sein Aktionsradius wurde beschränkt auf die paar Quadratmeter einer römischen Gefängniszelle. Was muss das für einen Mann mit seiner Persönlichkeit bedeutet haben? Aber auch in dieser Situation war er zutiefst verbunden mit seinem „Gott und Vater"[282]. Deshalb konnte er sogar mitten aus diesem Ort massiver Begrenzung einen machtvollen Aufruf hinausschreien, oder genauer gesagt, per Brief hinausschreiben:

> *„Freut euch im Herrn allezeit! Wiederum will ich sagen: Freut euch, ... der Herr ist nahe."*[283]

Paulus freute sich, weil er die Zuwendung seines Abba-Gottes ganz praktisch durch die Spende der Christen aus Philippi erlebt hatte[284]. Er wusste, dass sein himmlischer Vater ihn dadurch ganz praktisch segnete. Doch die Grundlage seiner Freude waren nicht die Dinge. Wenn wir nur die Dinge anschauen, kommen wir leicht ins vergleichen: Der verdient mehr und ist besser angesehen, die hat einfachere Kinder und einen so netten Mann. Merkst du, wie das Vergleichen in deinem Herzen unendlich weitergehen kann und du dabei immer unglücklicher wirst? Vergleichen ist ein Freudenräuber erster Klasse. Hätte Paulus verglichen, wäre er in tiefe Frustration gefallen. Stell dir vor, Paulus

---

[281] Apostelgeschichte 22, 28
[282] Philipper 4, 20
[283] Philipper 4, 4+5 „nahe", griech. eggüs, meint hier die zeitliche Dimension der Wiederkunft Jesu u. die räumliche seiner erfahrbaren Nähe. So auch Paul Murdoch, Bibelkommentar C
[284] Philipper 4, 10

Kapitel 5: Papas Party - Herzliche Einladung zur Freude

hätte der entmutigenden Stimme des älteren Bruders zugehört: Siehst du Paulus, du hast dein Leben für diesen Jesus hingegeben, das hast du nun davon. Deine anderen Kumpel aus Gamaliels Bibelschule[285] haben jetzt einen guten Job in irgendeiner Synagoge, aber du sitzt in diesem Kerker. Doch Paulus konnte dieser Stimme widerstehen, denn die Basis seiner Freude war die Nähe Jesu und die Verbundenheit mit seinem Vater im Himmel. Keine Gefängnismauern konnten diese Quelle seiner Freude aussperren. Alle äußeren Anlässe zur Freude in dieser Welt werden einmal vergehen, selbst die edelsten und besten, wie eine harmonische Familie oder Erfolg im Dienst für Gott. Ganz anders ist es mit der Gemeinschaft mit dem Vater im Himmel, sie besteht ewig[286]. Sie ist der Ursprung der Freude. Ich habe eine hochbetagte Dame vor Augen, die jahrelang in unseren Hauskreis kam. Erst mit über fünfzig Jahren war sie ein Kind Gottes geworden, aber dann hatte sie ihn wirklich zutiefst kennen gelernt. Ich sehe sie vor mir, wie sie trotz schwerer Parkinsonkrankheit im Pflegeheim noch die Freude Gottes ausstrahlt und ihm beim Singen christlicher Lieder voller Leidenschaft ihre zitternden Hände entgegenstreckt. Ich denke auch an eine alleinerziehende Mutter, die kürzlich im Gottesdienst erzählt hat, wie ihr himmlischer Vater ihr in einer schwierigen Situation die Freude erneuert hat. Es ist nicht entscheidend, wie unsere Umstände sind. Weil unser liebender himmlischer Vater uns nahe ist, können wir aus seiner Gegenwart Freude schöpfen.

Als Seelsorger ist mir sehr bewusst, dass nicht alle diese Nähe jederzeit spüren können. Manche Menschen lieben ihren himmlischen Vater aus tiefstem Herzen, aber sie leiden an einer ernsthaften Depression. Eine Mischung aus notvollen Erlebnissen, unbewussten Entscheidungen und biologischer Veranlagung hat ihren Gehirnstoffwechsel durcheinander gebracht, so dass eine schwere, schwarze Decke auf ihren Gefühlen liegt. Ihre menschliche Seele kann im Moment keine

---

285 Apostelgeschichte 22, 3
286 Vgl. 1. Timotheus 6, 16-19 und 1. Johannes 3, 2

Freude unter erschwerten Umständen

Freude fühlen. Wenn das auf dich zutrifft möchte ich dir zusprechen: Mach dir keinen Stress! Kein Vater würde sein Kind schimpfen, dass es nicht tanzt, wenn seine Beine gelähmt sind. So fordert auch der himmlische Vater von deiner Seele nicht, dass sie Gefühle der Freude erleben muss. Sondern er spricht dir einfach zu:

> *Ich bin dein Vater, ich liebe dich. Ich habe Freude an dir, auch wenn du sie nicht spürst. Ich habe deinen Namen in meine Hand geschrieben, ich vergesse dich nicht*[287]. *Nichts und niemand kann dich von meiner Liebe trennen, nicht einmal die tiefsten Tiefen einer Depression*[288]. *Ich bin stolz auf dich, wenn du dich immer wieder nach mir ausstreckst. Ich weiß, dass dich das zehnmal mehr Kraft kostet als die meisten anderen Menschen um dich herum. Auch wenn es jetzt noch mächtige Feinde in deinem Leben gibt, es kommt der Tag, an dem ich dir Freude über deine Feinde geben werde*[289]. *Ich verachte und verspotte dich nicht wegen deiner Tränen, sondern ich sammle sie alle in einem Krug*[290]. *Selbst die Tränen bewahre ich auf, die du nicht weinen konntest. Und ich verspreche dir: Der Tag wird kommen, an dem ich, dein himmlischer Vater, ich Abba-Gott, alle deine Tränen abwischen werde*[291]. *Keine wird dann vergessen sein, denn du bist mir sehr wertvoll! Ich liebe dich so sehr, dein Vater im Himmel, der ewig ist und niemals stirbt.*

Wenn du gerade durch eine schwere Zeit oder sogar eine Phase der Depression gehst, lies dir diesen Zuspruch deines Abba-Gottes noch ein-, zwei- oder dreimal laut vor. Du musst dabei nichts spüren, aber

---

287 Jesaja 49, 15+16
288 Römer 8, 39
289 2. Chronik 20, 27
290 Psalm 56, 8 Lutherübersetzung 1984
291 Offenbarung 21, 4

Kapitel 5: Papas Party - Herzliche Einladung zur Freude

ich glaube und bete, dass sich seine Worte einen Weg in dein Herz bahnen werden.

Während ich an diesem Kapitel über die Freude schreibe, erfahre ich, dass ein naher Verwandter von mir überraschend verstorben ist. Er war alt und lebenssatt, aber für seine Frau ist es eine große Herausforderung, jetzt alleine im Leben weitergehen zu müssen. Der Abschiedsschmerz ist groß, aber dennoch ist mitten in diesem Schmerz Grund zur Freude da, denn dieser Mann hatte noch im hohen Alter sein Leben Gott anvertraut. Jetzt ist er nur aus der sichtbaren in die für uns unsichtbare Dimension des Reiches seines himmlischen Vaters hinübergetreten. Er konnte Krankheit und Leid zurücklassen, um dort seinem Abba-Gott von Angesicht zu Angesicht zu begegnen[292]. Ich bin überzeugt, dass es dort bei Gott auch ein Wiedersehen mit seiner Frau geben wird[293]. So kann selbst der Tod uns nicht dauerhaft die Freude an unserem Abba-Vater rauben.

Ich glaube, dass Gott uns in seiner Liebe trainiert, damit wir immer mehr lernen, unsere Freude aus der Nähe zu ihm zu ziehen und nicht aus den Dingen und Umständen. Bei einem Seminar hat Abba-Gott mich in dieser Hinsicht einmal herausgefordert.

Ich hatte gerade über Soaking[294] und die intime Nähe zu Vater-Gott gelehrt. Jetzt lag ich mit den Seminarteilnehmern auf dem Fußboden, um mich selbst bewusst von der Liebe Gottes füllen zu lassen. Es ging mir gut. Mit meinen Vorträgen an diesem Vormittag war ich zutiefst zufrieden, sie waren von den Zuhörern sehr positiv aufgenommen worden. Als mir diese Gedanken dort auf dem Teppich durch den Sinn gingen, hörte ich etwas unerwartet die leise Stimme des Vaters im Himmel in meinem Herzen: „Freue dich nicht darüber, sondern freue dich daran, dass dein Name im Himmel aufgeschrieben ist."[295]

---

292 1. Johannes 3, 2
293 2. Samuel 12, 23 und Lukas 16, 23 zeigen, dass es ein Wiedererkennen im Himmel gibt, wenn auch keine Ehe (Markus 12, 25)
294 Im Abschnitt über den fordernden Vater (Kapitel 3) habe ich Soaking erklärt.
295 Vgl. Lukas 10, 20 Oft zitiert Abba-Gott sein eigenes Wort damit wir wissen, dass er es ist.

Kapitel 5: Papas Party - Herzliche Einladung zur Freude

Mir war sofort klar: Obwohl ich gerade über die innige Nähe mit dem himmlischen Vater gelehrt hatte, zog ich in diesem Moment meine größere Freude doch aus dem Erfolg meines Dienstes. Ich erlebte dieses Reden meines Abba-Gottes nicht als abwertende Kritik. Aus vollem Herzen konnte ich ihm für das gute Gelingen der Vorträge danken. Doch er korrigierte meine Blickrichtung: Freue dich daran, dass dein Name in meinem Familienbuch steht.

Erfolg und Dienst können vergehen, aber im Familienbuch Gottes stehen bedeutet jetzt und ewig ungetrübte Freude an der Gemeinschaft mit dem Vater im Himmel. Ich habe keine Ahnung, ob die Umstände in deinem Leben gerade super gut oder völlig schrecklich und niederschmetternd sind. Doch eines weiß ich: Die Tür zur Freude in der Nähe deines Abba-Gottes steht offen. Seine Einladung gilt: „Komm, lass uns feiern und fröhlich sein!"

Freude ist kinderleicht

Hast du jemals bei der Volkshochschule oder sonst irgendwo einen Kurs gesehen: Grundkurs Freude. Zielgruppe: Kinder von 0-6 Jahren. Sicher nicht! Kinder sind in Sachen Freude echte Naturtalente. Das ist sogar wissenschaftlich bewiesen: „Kinder beherrschen diese Gefühlsäußerung (das Lachen) am besten. Sie lachen laut wissenschaftlicher Untersuchung rund 400 Mal am Tag. Erwachsene lachen nur 15 Mal am Tag – viel zu selten, sagen Experten."[296] Ich möchte dich kurz in die Situation mit hineinnehmen, in der Jesus den Satz sagte, an den Abba-Gott mich in der gerade erwähnten Soakingzeit erinnert hatte. Die Jünger Jesu waren nach einem Kurzzeit-Missionseinsatz begeistert, wie viel sie mit und für ihn bewegen konnten, sogar böse Mächte mussten in seinem Namen weichen[297]. Jesus gönnte ihnen diese

---

296 Die Welt (online). 16.04.2008 Wissen Psychologie, Birgit Klimke. Einfügung in Klammer vom Autor.
297 Lukas 10, 17

Kapitel 5: Papas Party - Herzliche Einladung zur Freude

Freude, doch etwas anderes erfüllte ihn viel mehr als der Erfolg im Dienst: Er wollte ihnen seinen Abba-Vater als ihren Vater vorstellen[298].

> *„Zu der Stunde freute sich Jesus im Heiligen Geist[299] und sprach: Ich preise dich, Vater, Herr des Himmels und der Erde, weil du dies den Weisen und Klugen verborgen hast und hast es den Unmündigen offenbart. Ja, Vater, so hat es dir wohlgefallen."[300]*

Dieser Vers ist geradezu eine göttliche Freudenexplosion: Gott-Vater, Gott-Sohn und Gott-Heiliger-Geist vereint in Freude. Der Heilige Geist löst in Jesus begeisterten und überschwänglichen Jubel aus[301]. Grund dieser Euphorie ist das Wohlgefallen[302], der freudige Wille Abba-Gottes, sich seinen Kindern als Vater zu zeigen[303]. Lass diesen Zusammenhang einmal einen Moment in dir sacken: Jesus findet es super, wenn böse Mächte weichen müssen, aber etwas Anderes lässt ihn geradezu vor Begeisterung ausflippen: Du und ich dürfen Gott als unseren liebenden Vater erkennen. Während ich diese Worte schreibe, kann ich Jesus innerlich geradezu sehen, wie er liebevoll meinen Kopf in seine beiden Hände nimmt, mich mit leuchtenden Augen und strahlendem Gesicht ansieht und sagt: „Begreife es doch, er ist dein liebender Vater!" Es ist kinderleicht, ihn immer tiefer zu erkennen, schon die „Unmündigen" können es. Dieser Begriff meint

---

298 Lukas 10, 22
299 Die revidierte Elberfelder Bibelübersetzung folgt hier einer Quelle, die den Begriff „Heiligen" weglässt. Wie die meisten Übersetzungen schließt aber der sorgfältig recherchierte Grundtext von Nestle-Aland, 28. Ausgabe, hier den Begriff „Heiligen" ein.
300 Lukas 10, 21 nach Lutherübersetzung 1984
301 griech.: *agalliaomai* s. Begriffslexikon zum NT, Begriff „Freude": jubeln, frohlocken, sich ausgelassen freuen. Es handelt sich um eine elementar hervorbrechende Freude, die den ganzen Menschen erfasst.
302 griech. *eudokia* s. Begriffslexikon zum NT, Begriff „Wohlgefallen": guter Wille, Wohlgefallen, Wunsch. Das zugehörige Verb beinhaltet den Gedanken, Freude an etwas zu haben. Dasselbe Wort, das Jesus bei seiner Taufe hörte.
303 Lukas 10, 22

kleine, unreife Kinder, weshalb einige englische Bibelübersetzungen diesen Begriff mit „babes" wiedergeben[304]. Babys und kleine Kinder lernen ihre Eltern nicht dadurch kennen, dass sie sich weise und kluge Gedanken über sie machen. Ihre Strategie ist viel einfacher: Sie strecken sich einfach nach ihnen aus und erleben als natürliche Antwort deren Liebe und Fürsorge. Der Emotionsforscher Professor Rainer Krause schreibt dazu: „Ein Kind sucht in den ersten sechs Monaten bis zu 30.000 Lächelbegegnungen zur Mutter."[305] Es reagiert also auf das Lächeln der Mutter und provoziert es mit seinem eigenen Lächeln. Für mich ist das ein geniales Bild, denn auch der himmlische Vater offenbart sich unserem Herzen, indem er uns anlächelt. Das steht in einer der vielleicht am meisten in evangelischen Gottesdiensten verwandten Bibelstellen, dem Segen, den Abba-Gott dem Priester Aaron für das Volk Gottes gab:

> *„Der HERR segne dich und behüte dich! Der HERR lasse sein Angesicht über dir leuchten und sei dir gnädig! Der HERR erhebe sein Angesicht auf dich und gebe dir Frieden!"*[306]

Vielleicht irritiert dich das Wort „HERR", das hier in den meisten Bibelübersetzungen steht. In der hebräischen Bibel steht an dieser Stelle der Gottesnamen Jahwe[307]. Ich weiß nicht, wie dein Vater hieß, Karl-Heinz oder Günther oder sonst wie. Im Alten Testament stellt Abba-Gott sich mit seinem Namen vor: Jahwe, das bedeutet so viel wie: „Ich bin der, der mit Dir war, der mit Dir ist und mit Dir

---

304 griech. *näpios* s. Begriffslexikon zum NT unter „Kind": Kind, das hilflos, unmündig und unerfahren ist. Die englische New International Version gibt den Begriff mit „little children" und die Amplified Bible und die King James Bible mit „babes" wieder.
305 Prof. Rainer Krause: in Die Welt (online). 16.04.2008 Wissen Psychologie
306 4. Mose,6, 24-26
307 Die Bibelübersetzer folgen hier der jüdischen Gewohnheit, den Gottesnamen nicht auszusprechen.

Kapitel 5: Papas Party - Herzliche Einladung zur Freude

sein wird."[308] Jesus nannte ihn einfach Abba – Papa. Dieser Papa lässt „sein Angesicht über dir leuchten". Wenn ich diesen Satz aus „Bibeldeutsch" in normale Sprache übertrage, klingt er in etwa so: Dein Papa im Himmel strahlt dich mit einem dicken Lächeln an, das über sein ganzes Gesicht geht. Das ist eine Realität, an die dich der Segen immer wieder erinnern will[309]. Er blickt freundlich auf dich. In seinen Augen steckt seine ganze Liebe und Freude an dir und er wartet nur darauf, dass du zurücklächelst. Ich bin überzeugt, dass der Gesang aller Engelschöre dem Vater nicht so viel bedeutet wie das Lächeln eines seiner Kinder, die er durch Jesus Christus zurück in die Beziehung zu sich selbst geholt hat.

Ich habe mich einmal in einer Zeit mit Gott und ruhiger Anbetungsmusik bewusst nach dem Angesicht des himmlischen Vaters ausgestreckt. Ich konnte sein zugewandtes Gesicht innerlich noch nicht einmal richtig sehen, eher nur spüren und ahnen, aber trotzdem brachte diese schwache Begegnung sofort ein Lächeln auf mein Gesicht. Wenn Abba uns anlächelt, dann lächeln wir automatisch zurück. Es wird unser Leben verändern, wenn wir jeden Tag das freundliche Angesicht Abba-Gottes suchen. Schon ein kleines Baby spürt im Lächeln, der freundlichen Anrede und den sanften Berührungen seiner Eltern, dass es wertvoll und geliebt ist. Wenn wir zu wenig solche Zuwendung bekommen haben[310], wird sich unser Herz oft im Erwachsenenalter noch voller Unsicherheit fragen, ob wir geliebt und wertvoll sind. Aber Jahwe, dein Abba, er lächelt dich jetzt an.

Wenn du dich manchmal wertlos fühlst oder es dir an Urvertrauen[311] fehlt, lade ich dich ein, das folgende Gebet zu sprechen. Wenn ein

---

308 Zitat Olaf Kormannshaus, Pastor und Diplompsychologe, in magazin de'ignis 47/2014, S. 19
309 Ein Segensspruch schafft die Wirklichkeit, die er zuspricht, ist ein performativer Sprechakt, nach Olaf Kormannshaus in magazin de'ignis 47/2014, S. 19
310 Oft konnten Eltern nur wenige Zuwendung geben, weil sie emotional selbst unterversorgt oder traumatisiert waren.
311 Der Begriff „Urvertrauen" wurde von dem Psychoanalytiker Erik H. Erikson eingeführt. Er spricht davon, dass ein Mensch ein grundlegendes Gefühl von Sicherheit in seinem Leben bekommt, wenn er schon als Baby die freundliche Zuwendung wichtiger Bezugspersonen erfährt. Nach magazin de'ignis 47/2014, S. 19

Freude ist kinderleicht

Satz nicht so richtig zu dir passt kannst du ihn gerne verändern oder einfach auslassen.

> *„Lieber Abba-Gott, himmlischer Vater, mein Vater und meine Mutter haben mich als Baby vermutlich nicht oft angelächelt oder sich mir auf andere Weise freundlich zugewandt. Ich hätte ihre spürbare Liebe so dringend gebraucht und kann nur ahnen, warum sie mir die nicht gegeben haben. Heute vergebe ich ihnen den Mangel, den sie dadurch in meinem Leben hinterlassen haben. Ich habe aus dem Verhalten meiner Eltern gefolgert, dass ich es nicht wert war, ihre Liebe und Zuwendung zu bekommen – diese Schlussfolgerung war falsch! Deshalb widerrufe ich alle inneren Botschaften, dass ich nicht wertvoll oder liebenswert bin. Ich breche auch mit der Lüge, dass niemand etwas mit mir zu tun haben will. Bitte vergib mir, dass ich mich in Bitterkeit von meinen Eltern, anderen Menschen und teilweise auch Dir, himmlischer Vater, abgewandt habe. Danke, dass Dein Wort nicht lügen kann: Du lässt jetzt Dein Angesicht leuchten über mir und wendest es mir freundlich zu. Ich empfange jetzt Deine Liebe."*

Lehne dich jetzt bequem zurück und richte dich innerlich auf das Angesicht von Abba-Gott aus. Er lächelt dich an und ich vermute, du wirst wie ich automatisch mit einem Lächeln antworten. Freude ist wirklich kinderleicht. Abba-Gott lächelt uns an – und wir lächeln zurück.

Was es uns manchmal schwer macht, die Freude zu erleben, ist ein Irrglaube: Irgendwo tief verborgen in unserem Herzen meinen wir immer noch, uns die Freude verdienen zu müssen. Aber Freude ist nicht Verdienst oder Belohnung[312], sie ist die Reflexion seiner Liebe

---
[312] Im Gleichnis von den anvertrauten Talenten (Matthäus 25) sagt Jesus, die treuen Knechte sollen als Belohnung in die „Freude ihres Herrn" eingehen (V. 21+23). Diese Freude wartet als zusätzliches Geschenk Gottes auf die, die ihm von Herzen dienen, ist aber unabhängig

Kapitel 5: Papas Party - Herzliche Einladung zur Freude

zu uns. Im Gleichnis vom liebenden Vater konnte das der jüngere Sohn begreifen, als der Vater ihn nicht wie erhofft zum Tagelöhner[313] machte, sondern ihn sogar vollständig als Sohn wieder annahm. Der himmlische Vater liebt es so sehr, uns in die Freude zu führen. Seine Einladung zur Freude galt beiden Söhnen und sie gilt auch dir und mir.

---

von der Freude der Kindschaft. Bemerkenswert ist dabei das Problem des dritten Knechtes: Er hält den Herrn (und Vater) für hart und ungerecht (V. 24) und handelt entsprechend. Die Wurzel seines Problems ist, den liebenden Herrn und Vater nicht zu kennen.
313 Lukas 5, 19 - Tagelöhner arbeiten für Verdienst und unterscheiden sich dadurch grundlegend von Söhnen und Töchtern

Kapitel 6

Der beste Ort der Welt

Ich habe in diesem Buch manches über Mangel und Defizite schreiben müssen, die uns den Blick auf den himmlischen Vater verzerren oder es uns schwer machen, seine liebevolle Erziehung richtig einzuordnen. Zum Abschluss möchte ich noch einmal auf den Beginn des Buches zurück kommen: Nicht unser Mangel steht am Anfang der Herzensbeziehung zu Abba-Gott, sondern die unglaubliche, brennende, überschäumende und verrückte Liebe unseres himmlischen Vaters. Viel größer als unsere Bedürftigkeit nach einem wahrhaftigen Vater ist seine Sehnsucht, dass du und ich uns ihm als Vater zuwenden[314]. Es gibt auf seinem Schoß[315] einen Platz, der ist nur für dich reserviert und er wird dich unendlich vermissen, wenn du diesen Platz nicht immer wieder einnimmst. Als Seelsorger weiß ich, dass der Schoß des irdischen Vaters nicht für alle ein sicherer Ort war. Diese schreckliche Tatsache macht mich wütend und traurig zugleich, wenn ich nur daran denke. Wenn dich das betrifft, suche dir wenn irgend möglich kompetente seelsorgerliche Hilfe, damit dein Herz in diesem Bereich heil werden kann[316]. Der himmlische Vater ist ganz anders als dein Vater war. Er sehnt sich nach Gemeinschaft mit dir, um dich dann mit reiner, göttlicher Zuwendung beschenken zu können.

Anhand eines abschließenden Beispiels möchte ich dir verdeutlichen, wie verschieden sich diese geistliche Berührung Abba-Gottes anfühlen kann. Ich hatte einen Abendgottesdienst durchgeführt und vielen Menschen die Hände aufgelegt und sinngemäß immer wieder für sie gebetet: „Lieber Vater, gieße du deine Liebe in ihr Herz durch deinen Heiligen Geist." Unser himmlischer Vater liebt es, dieses Gebet

---

[314] Jeremia 3, 19
[315] Psalm 131, 2 + Jesaja 66, 12+13
[316] Frage nach Seelsorgern in einer christlichen Gemeinde oder schaue im Internet, z.B. unter www.c-stab.net; www.elijahhouse.at oder www.ignis.de/beratung/

Kapitel 6

gemäß seinem Wort zu erhören und viele wurden von der Liebe ihres Abba-Gottes tief berührt. Nachdem ich so viel für andere gebetet hatte, merkte ich, dass es jetzt an der Zeit war, selbst in der Liebe meines himmlischen Papas aufzutanken. Ein Freund betete noch für mich und ich zog mich in ein stilles Eckchen im Gottesdienstraum zurück. Mir hilft so ein geschützter Ort, damit der im Gebet empfangene Segen tief in mein Herz eindringen kann. Dort merkte ich dann in meinem Inneren, wie ich auf Papas Schoß kam, das war richtig gut. Erst fing er an, mich durch zu kitzeln und ich musste unglaublich lachen. Ich bin eigentlich nicht besonders kitzelig, aber wenn Papa Gott dich kitzelt, hast du keine Chance. Einige Leute guckten und dachten sich: „Schön, der Marcus hat eine super Zeit mit Gott." Aber nach einer Weile hörte Abba-Gott auf mich zu kitzeln. Er legte mir seine Hand auf und segnete mich. Ich war jetzt ganz ruhig, saß in meiner Ecke und Leute dachten vielleicht: „Oh, jetzt ist seine gute Zeit vorbei, wie schade für ihn." Äußerlich schien nichts mehr zu passieren, aber in meine Seele und in meinen Geist strömte ein ganz tiefer Friede. Ich spürte mit meinem ganzen Sein, dass mein Vater im Himmel mich total gerne mag. Aus dem innersten Wesen des himmlischen Vaters floss seine Liebe in mich und durchdrang meine ganze Person. Mein Herz wurde zutiefst gesättigt, dort auf dem Schoß von Abba-Gott. Dieser tiefe Frieden und das alberne Lachen waren ganz unterschiedliche Begegnungen auf dem Schoß meines Vaters, aber in beiden zeigte er sich als mein himmlischer Papa, der gerne mit mir zusammen ist.

Gerade weil ich als Seelsorger so viele notvolle Kindheitsgeschichten höre, möchte ich dich noch einmal an den Satz von Matthias Hoffmann erinnern: „Es ist nie zu spät für eine glückliche Kindheit!" Bei deinem himmlischen Papa darfst du die auch noch mit 20, 30 oder 85 Jahren erleben. Ich lade dich ein, jetzt auf den Schoß deines Vaters im Himmel zu klettern, dem besten Ort der Welt. Du kannst

Der beste Ort der Welt

dir das sogar bildhaft[317] vorstellen. Komm und erlaube ihm, auch dein Herz zu sättigen.

> *„Himmlischer Vater, durch den Glauben an Jesus darf ich Dich Abba, Papa nennen. Ich komme jetzt zu Dir auf Deinen Schoß. Bitte lass Deine wunderbare Liebe, Deine Freude und Deinen Frieden in mein Inneres strömen. Ich liebe Dich – Danke, dass Du mich so unendlich viel mehr liebst, als ich Dich je lieben könnte. Hier bin ich, bitte begegne mir."*

So darfst du zu deinem Vater im Himmel kommen, jetzt und immer wieder. Denn deine glückliche Kindheit mit Abba-Gott hat gerade erst richtig angefangen!

---

317 Die Illustrationen in „Nicht wie bei Räubers" von Ursula Marc und German Frank können hierbei helfen. Wenn das Bild vom Schoß des Vaters für dich schwierig ist kannst du dich auch gedanklich vor Jesus stellen und ihn bitten, dich wie ein Kind in seine Arme zu nehmen.

Persönliches Nachwort

Ich habe in einem Zeitraum von etwa sechs Jahren an diesem Buch geschrieben. Es ist mein erstes Buch und es zu schreiben war manchmal für mich wie eine schwere Geburt. Höhen und Tiefen, Begeisterung und Zweifel haben mich immer wieder begleitet, wenn ich Gottes Herz durch mein Herz hindurch in die Zeilen dieses Buches legen wollte. Teilweise habe ich überlegt, ob ich so viel Persönliches von mir erzählen sollte, aber wenn du nur einmal dadurch erfährst, wie unser gemeinsamer Vater im Himmel dich anlächelt, dann hat sich alle Mühe und alles Ringen gelohnt. Die Begegnung mit seiner Vaterliebe wird dein Herz verändern.

Wenn du möchtest, schreib mir von deinen Erfahrungen mit Abba-Gott und diesem Buch über meine Homepage.

Der Liebe unseres himmlischen Vaters befohlen,

Dein Marcus

Zum Autor

Marcus Heuser, Jahrgang 1968, ist verheiratet mit Dagmar. Am Theologischen Seminar Tabor (heute evangelische Hochschule Tabor) wurde er zum Theologen ausgebildet und ordiniert. Er hat einen Abschluss als Master of Ministry (Christian Leadership University Monroe / USA) und wurde vom Elijahhouse Austria als Gebetsseelsorger trainiert (nach John und Paula Sandford). Seit 2011 ist er Heilpraktiker für Psychotherapie mit eigener Praxis. Er hat langjährige Erfahrung als Pastor, Seelsorgeleiter einer großen Gemeinde und ist ein gefragter Referent.

www.marcusheuser.de

Bibliografie

1.) Arnott, John, Der Segen des Vaters, Immanuel Verlagsgesellschaft, Nürnberg 1996

2.) Bauer, Walter, Wörterbuch zum Neuen Testament, 6., völlig neu bearbeitete Auflage von Kurt und Barbara Aland, Berlin, New York: de Gruyter 1988

3.) Bode, Sabine, Kriegsenkel: Die Erben der vergessenen Generation, Klett-Cotta, Stuttgart 2009

4.) Hoffmann, Matthias, Gottes Vaterherz entdecken, Cap-books by cap-music, 3. Auflage 2007, Haiterbach-Beihingen

5.) Elberfelder Studienbibel mit Sprachschlüssel, Neues Testament. R. Brockhaus Verlag, Wuppertal, 2. Auflage 1995

6.) Elberfelder Studienbibel mit Sprachschlüssel, Altes Testament. R. Brockhaus Verlag, Wuppertal 2001

7.) Hoffnung für Alle, Bibelübersetzung, Brunnen Verlag Basel und Gießen, 2002

8.) Murdoch, Paul, Philipperbrief, Bibelkommentar C, Hänssler Verlag, Stuttgart, 2. Auflage 2000

9.) Piorek, Ed, Nahe am Vaterherz, Gerth Medien GmbH Asslar, 3. Auflage 2007

10.) Ritzhaupt, Fred, Willkommen Daheim, Bibelübertragung, Gerth Medien GmbH Asslar, 2. Auflage 2010

11.) Sandford, John und Paula, Weckt den schlummernden Geist, Hrsg. und Koautor Norm Browman, Verlag Gottfried Bernard, 2.te Auflage 1997, Solingen

12.) Theologisches Begriffslexikon zum Neuen Testament, Hrsg. Lothar Coenen, 7. Auflage, R. Brockhaus Verlag, Wuppertal 1971

BIRGIT FINGERHUT

WENN GEDANKEN MÄCHTE WERDEN

Stimmt es, dass wir in unseren Gedanken entscheiden, wie wir unseren Tag erleben werden?

Dem Philosoph Marc Aurel wird die Aussage zugeschrieben, dass es die Gedanken sind, die uns glücklich oder unglücklich machen. Es sind nicht die wirklichen Dinge des Lebens. Es gibt Gedanken, die uns knechten und alle Lebensfreude entziehen. Andererseits können sie uns aber auch beflügeln und Kraft freisetzen. Die Autorin deckt Zusammenhänge zwischen Denken, Fühlen und Handeln auf. Sie gibt praktische Tipps, wie wir lernen können, nicht Opfer unserer Gedanken zu werden. Welche Rolle dabei eine Verankerung in einer Gottesbeziehung spielen kann, erklärt sie aufgrund eigener Erfahrungen.

Mit vielen praktischen Tipps!

ISBN 978-3-941714595 • Best.-Nr. 175559